Logística en Bar: aprovisionamiento y almacenaje de alimentos y bebidas. HOTR0065

Antonio Caro Sánchez-Lafuente

ic editorial

Logística en Bar: aprovisionamiento y almacenaje de alimentos y bebidas. HOTR0065
© Antonio Caro Sánchez-Lafuente

1ª Edición

© IC Editorial, 2025

Editado por: IC Editorial
c/ Cueva de Viera, 2, Local 3
Centro Negocios CADI
29200 Antequera (Málaga)
Teléfono: 952 70 60 04
Fax: 952 84 55 03
Correo electrónico: iceditorial@iceditorial.com
Internet: www.iceditorial.com

ISBN: 978-84-1184-581-6
Depósito Legal: MA 154-2025

Impresión: PODiPrint
Impreso en Andalucía – España

Nota de la editorial: IC Editorial pertenece a Innovación y Cualificación S. L.

Especialidad formativa

Se entiende por especialidad formativa la agrupación de contenidos, competencias profesionales y especificaciones técnicas que responde a un conjunto de actividades de trabajo enmarcadas en una fase del proceso de producción y con funciones afines.

Las especialidades formativas de Uso General, Formación Complementaria, Formación Modular y las especialidades formativas dirigidas a la obtención de certificados de profesionalidad se incluyen en el Fichero de Especialidades del Servicio Público de Empleo Estatal para su gestión en todo el territorio nacional por cualquier Administración competente.

Las especialidades complementarias, pertenecen todas a la Familia profesional de Formación Complementaria (FCO) y tienen la consideración de formación transversal en áreas que se consideran prioritarias tanto en el marco de la Estrategia Europea para el Empleo y del Sistema Nacional de Empleo como en las directrices establecidas por la Unión Europea. Se consideran áreas prioritarias las relativas a tecnologías de la información y la comunicación, la prevención de riesgos laborales, la sensibilización en medio ambiente, la promoción de la igualdad, la orientación profesional y aquellas otras que se establezcan por la Administración competente.

Las especialidades de Certificado de profesionalidad tienen una duración especificada en su normativa reguladora.

En el resultado de la búsqueda, se muestran las unidades de competencia, todos los módulos formativos con su duración y las unidades formativas del certificado correspondiente, con su duración. Las horas del certificado, exclusivo de las especialidades de certificado de profesionalidad, con alta igual o superior a 2008, son las horas totales más las horas del módulo de Prácticas Profesionales no Laborales.

➲ **Si la especialidad tiene unidades formativas,** las horas totales, presencial, distancia, teleformación serán igual a la suma de esas horas de las unidades formativas de los distintos módulos, sin que se repita ninguna Unidad formativa.

➲ **Si la especialidad no tiene unidades formativas,** las horas totales, presencial, distancia, teleformación serán igual a las sumas de esas horas de los módulos formativos, eliminando las horas de los módulos repetidos.

https://sede.sepe.gob.es/especialidadesformativas/RXBuscadorEFRED/BusquedaEspecialidades.do

(Fuente: Servicio Público de Empleo Estatal)

Índice

Unidad de aprendizaje 4
Realización de operaciones sencillas de economato y bodega en el restaurante-bar

Unidad de aprendizaje 5
Utilización de materias primas culinarias y géneros de uso común en el bar

Unidad de aprendizaje 6
Ejecución del proceso de aprovisionamiento interno en el restaurante-bar

Unidad de aprendizaje 7
Prevención de riesgos en la gestión logística y de almacenes de hostelería

Glosario

Bibliografía

OBJETIVOS GENERALES

Los objetivos generales del **HOTR0065. Logística en Bar: aprovisionamiento y almacenaje de alimentos y bebidas,** son los siguientes:

- ⮕ Analizar los diferentes procesos que intervienen en la gestión logística, economato y bodega de un restaurante-bar, evitando los riesgos que puedan derivarse de la manipulación de mercancías.
- ⮕ Aplicar los procedimientos en la gestión logística y organizativa de los almacenes e inventarios.
- ⮕ Realizar operaciones de economato y bodega desarrollando el proceso de aprovisionamiento interno del restaurante-bar.
- ⮕ Asimilar los conceptos generales de la gestión logística del restaurante-bar.
- ⮕ Conocer los parámetros de gestión y organización del almacén del restaurante-bar.
- ⮕ Analizar las necesidades, tipos y métodos de *stock* y valoración de existencias en el almacén del restaurante-bar.
- ⮕ Conocer las operaciones relacionadas con la actividad propia del economato y bodega en el restaurante-bar.
- ⮕ Diferenciar las distintas materias primas culinarias y géneros de uso común en el restaurante-bar, sus necesidades de regeneración y conservación.
- ⮕ Planificar un proceso correcto de aprovisionamiento interno en el restaurante-bar.
- ⮕ Asimilar los conceptos relacionados con la prevención de riesgos en la gestión logística de los almacenes de hostelería.

Introducción a la gestión logística: aspectos generales

Contenido

Objetivos

El objetivo general de esta Unidad de Aprendizaje es:

→ Asimilar los conceptos generales de la gestión logística del restaurante-bar.

Los objetivos específicos de esta Unidad de Aprendizaje son:

→ Identificar los parámetros relacionados con la gestión logística.

→ Analizar los indicadores relacionados con la gestión logística.

→ Diferenciar los indicadores de gestión logística.

1. Introducción

Emprender con un negocio de restaurante-bar requiere de una gestión logística eficiente, y para ello es necesario profundizar al menos en los conceptos de: equipo, establecimiento, público y producto, a fin de crear un entorno competitivo y en continua revisión y actualización.

Parte importante del estudio de la oferta de un restaurante-bar se relaciona con el análisis de los costes logísticos. Así, es importante tener presente que, desde la adquisición del producto, se genera un gasto que se incrementará según sus necesidades de conservación. Por tanto, tener un nivel de *stock* adecuado es fundamental, así como tener presente las características del producto, jugando un papel muy importante en el caso del restaurante-bar la bodega, en la que una adecuada gestión supondrá una gran rentabilidad.

Ten presente que cuantificar los costes es fundamental en la actividad del restaurante-bar, al igual que evaluar los resultados obtenidos en torno a la aceptabilidad del producto y organización, por lo que para ofrecer una mayor practicidad a este estudio (gestión logística del restaurante-bar), se expondrán los casos acontecidos en el restaurante-bar Galera.

2. Logística dentro de la empresa

☞ HILO CONDUCTOR

El restaurante-bar Galera ofrece productos frescos y de temporada, lo que requiere una compra casi a diario. No obstante, su diseño hace que cuente con un pequeño almacén para productos no perecederos, así como una bodega, donde se apuesta por la guarda de vinos a fin de obtener una alta rentabilidad.

El concepto de logística hace referencia al conjunto de medios y métodos ideados para llevar a cabo la organización de una empresa o de un servicio, asociándose a su vez a la búsqueda de satisfacción hacia el cliente y trabajador, así como la rentabilidad. Esto requiere, sin duda, la implantación de un proceso en el que elementos como el cliente, el personal, las características del lugar y el tipo de oferta culinaria ofrecida son definitorios.

DEFINICIÓN

Logística
Conjunto de medios y métodos ideados para llevar a cabo la organización de una empresa o de un servicio, especialmente de distribución.

El proceso de compra, junto con el tipo de almacenamiento, los tiempos de elaboración, organización, distribución, capacidad y oferta gastronómica, es un pilar básico en la logística del restaurante-bar. Se deberán tener en cuenta los siguientes aspectos:

- **Capacidad de servicio:** el tamaño del establecimiento, su equipamiento, el menú o tipo de oferta gastronómica y la disposición de proveedores, entre otros, son aspectos que tener en cuenta en la planificación general. De este modo, la capacidad de servicio debe ser analizada ante un análisis interno previo al comienzo de la actividad.
- **Costos:** hay que determinar los costos analizando tanto los gastos directos como los indirectos, dando a conocer así los precios que se van a establecer, así como la viabilidad del producto o servicio ofertado.
- **Oferta gastronómica:** la viabilidad de la oferta gastronómica debe ser estudiada, siendo necesario contar con un estudio en el que se identifiquen tanto los platos como la demanda de cada uno de ellos, cumpliendo así con la calidad esperada, tiempo de elaboración y disponibilidad.
- **Distribución:** fijada la capacidad de servicio de tu establecimiento, es necesario determinar la distribución, diferenciando tantas zonas como sean necesarias según el tipo de oferta y número de empleados y comensales. Así, es común delimitar las zonas de recepción, almacenamiento, manipulación, transformación, lavado...
- **Servicio:** conocer la capacidad de servicio es fundamental, y es determinante tanto la distribución de las mesas y/o barra como el tipo de servicio ofrecido. De ello, dependerá el tipo de toma de comanda, la modalidad de servicio...
- **Personal:** las características y formación del personal formarán parte del proceso logístico, ya que una correcta practicidad del servicio, así como una atención idónea resultan fundamentales, pues agilizan el proceso y aumentan la percepción positiva del cliente.

La capacidad de servicio será determinante en la aplicación de una correcta logística.

 TAREA 1

En el restaurante-bar Galera no se está obteniendo la rentabilidad esperada, por lo que se plantean revisar las pautas establecidas hasta ahora. Como responsable de llevar a cabo el estudio, detalla los parámetros relacionados con la gestión logística, pudiendo incluir un ejemplo en el que dicha gestión quede reflejada.

Justifica tu respuesta.

3. Análisis de costes logísticos

 HILO CONDUCTOR

El restaurante-bar Galera está observando cómo los precios de algunos de los productos utilizados en su oferta han incrementado por verse sometidos a una mayor demanda o por el incremento del IVA, de los precios de carburantes o los impuestos asociados a la circulación.

El coste logístico se define como aquellos costos asociados a la sucesión de actividades relacionadas con el almacenaje y/o distribución de un bien, desde el productor hasta el comprador final.

El cálculo del coste logístico debe contemplar cada una de las fases por las que pasa el producto, dando como resultado un precio final. Hay que tener presente que cualquier desviación en el proceso reflejará una modificación en el costo, repercutiendo en el precio final y, por tanto, en la rentabilidad del producto.

Un menor coste se relaciona con un desarrollo eficiente en el proceso logístico.

3.1. Cómputo de costes logísticos. Tipos y causas

El conjunto de costes asociados a la logística se relaciona con los procesos de almacenamiento, transporte, aprovisionamiento, mantenimiento, inventariado, distribución y personal, es decir, todos aquellos costes que se producen en la cadena de valor y que repercutirán en la posición frente a posibles competidores.

 **DEFINICIÓN**

Cadena de valor
Actividades necesarias para crear un producto o servicio.

Tipos de costes logísticos

Es posible diferenciar dos tipos de costes logísticos:

Costes de operación	Costes de transporte
- Son los relacionados con las facilidades logísticas, es decir, con los centros de distribución, almacenes, mercados…	- Son los relacionados con el transporte, desde el origen a los respectivos destinos.

Causas de costes logísticos

El incremento de los costes logísticos puede ser una realidad en los siguientes casos:

- ➲ **Diseño:** un diseño inadecuado en el proceso de distribución incrementará el coste de transporte o transformación.
- ➲ **Improductividad:** una actuación deficiente por parte de los empleados puede hacer que se ralentice la producción y, por tanto, se incremente el coste por unidad producida.
- ➲ **Operatividad:** el aprovechamiento de la capacidad de carga, así como contar con un mantenimiento de los medios utilizados en el proceso logístico, es fundamental para evitar transportes ineficientes o incluso la contratación de sistemas de envío o producción alternativos.

4. Indicadores de la gestión logística

☞ HILO CONDUCTOR

El cálculo de los costes asociados a la oferta del restaurante-bar Galera se ha visto incrementado en el caso de su oferta de *delivery*, debido al constante aumento de precios del combustible. Al mismo tiempo, dichos costos ya están viéndose incrementados de forma generalizada por la subida de los precios de la luz y el gas, necesarios en la actividad del establecimiento.

Para determinar la viabilidad y adecuada gestión logística es necesario conocer los **indicadores logísticos,** parámetros relacionados con la definición de los objetivos que se quieren alcanzar. Así, es posible evaluar y estimar los costes y sus posibles desviaciones (incrementos y decrementos).

Como indicadores logísticos, es necesario interpretar los parámetros relacionados con:

- ⮑ **Abastecimiento:** se analizará la calidad de los pedidos generados, la mercancía recibida y el cumplimiento de los proveedores.
- ⮑ **Almacenamiento:** se analiza el coste por unidad de mercancía almacenada, teniendo presente parámetros relacionados con el volumen, tiempo de almacenaje...
- ⮑ **Inventario:** se analiza la capacidad de rotación y necesidades de almacenamiento, índice de duración de las mercancías, precisión del inventario...
- ⮑ **Transporte:** es necesario analizar el aprovechamiento del medio de transporte en relación al volumen a transportar (capacidad) o la ruta que se va a utilizar, evitando demoras y costes asociados a kilometraje.
- ⮑ **Servicio al cliente:** se analiza la profesionalidad con la que se lleva a cabo el servicio al cliente, teniendo presente que la percepción de calidad varía entre individuos.
- ⮑ **Cálculos económicos:** se analizan los costes asociados al producto o servicio que se va a prestar, teniendo presentes estudios relacionados con los márgenes de contribución, coste logístico, ventas perdidas...

 APLICACIÓN PRÁCTICA

En el restaurante-bar Galera se pretende modificar la política de compras, pasando de la realización de compras diarias y contar con un pequeño almacén a compras mensuales y disponer de un gran almacén. ¿Qué indicadores de gestión logística deben ser interpretados ante esta nueva situación?

Solución

Ten presente que la implantación de una nueva metodología de gestión repercutirá en la gestión logística y, por tanto, tendrá que reinterpretarse por completo. No obstante, la necesidad de análisis de calidad de los pedidos generados, la mercancía recibida y el cumplimiento de los proveedores sigue siendo necesario. Es importante plantear una reducción de precios en función de la gestión de

Continúa en página siguiente >>

<< Viene de página anterior

transporte, ya que pedidos de mayor volumen propician el aprovechamiento del medio de transporte, por lo que es posible reducir los costes asociados y contemplar los nuevos gastos asociados a las nuevas necesidades de almacenamiento.

 TAREA 2

En el restaurante-bar Galera se ha aprobado un protocolo de atención al cliente. Sin embargo, algunos clientes consideran que dicho protocolo no es adecuado, lo que se traduce en reclamaciones, demora en el servicio...

¿Qué indicador o indicadores de los establecidos debe ser revisado y analizado de cara a la gestión logística para subsanar dicho problema?

Justifica tu respuesta.

4.1. La eficacia y eficiencia en el estudio de la gestión logística

Los conceptos de eficacia y eficiencia hacen referencia a los recursos que una empresa u organización en una actividad emplea en su labor productiva. Así, es importante concretar que:

⮑ **Eficacia:** se trata de la capacidad de lograr el efecto que se desea o se espera. Se relaciona con el tiempo o cantidad que se va a producir.
⮑ **Eficiencia:** se trata de la capacidad de disponer de alguien o de algo para conseguir un efecto determinado. Se relaciona con el nivel de optimización.

Ambos conceptos, referidos a la gestión logística, muestran tantos rasgos en común como diferencias. Ambos se exponen a continuación:

Rasgos en común
- Ambos conceptos comparan el uso o empleo de recursos en torno a una observación o comparativa.
- Permiten adecuar las decisiones que se van a tomar según las características del establecimiento o servicio.
- Propician la provisión de materias primas y todo tipo de *inputs* en función de los niveles de eficacia y eficiencia.
- Forman parte de planes de negocio y estrategias, obteniendo metas empresariales comunes.
- Permiten llevar a cabo una comparativa entre baremos de eficacia y eficiencia.

Diferencias
- Ambos conceptos pueden referirse a especificaciones distintas, así, una empresa puede ser más o menos eficaz.
- El proceso puede perseguir objetivos diferentes (producción en función del aprovechamiento o volúmenes o plazos).
- La aplicación de uno u otro concepto reflejará distintos niveles de eficiencia.
- Los objetivos de producción se relacionan con la eficacia y el concepto de eficiencia, con la competitividad.

◎ EJEMPLO

Las empresas de bar-restaurante C y D pueden analizar cuál de ellas da un mayor número de comensales al año (eficacia) y también saber cuál de ellas puede generar un producto utilizando menos recursos (eficiencia).

4.2. Indicadores claves de rendimiento en la gestión logística del restaurante-bar

Para analizar el rendimiento de tu restaurante-bar, es necesario saber si la estrategia implantada permite conseguir los objetivos previamente marcados. Dichos objetivos están relacionados con aspectos como:

◆ **Flujo de caja:** es necesario medir las entradas y salidas de dinero, buscando que los ingresos superen a los costes a fin de propiciar la viabilidad del establecimiento.

◆ *Ticket* **medio:** permite conocer el gasto medio que hace el cliente que nos visita. Incrementar dicho gasto forma parte de la acción llevada a cabo en el establecimiento y, por tanto, su incremento supone una acción positiva.

◆ **Tiempo de servicio:** un servicio rápido y eficaz se asocia con una mayor aceptación por parte del cliente y una mayor rentabilidad.

◆ **Productividad del personal:** conocer las capacidades del personal permite asignar de forma eficaz las tareas que se van a desarrollar, y adecuar horarios para alcanzar la máxima productividad.

◆ **Relación clientes/ventas:** hay que conocer el número de ventas mínimas para que el establecimiento adquiera su punto de equilibrio y resulte rentable. Para ello es fundamental conocer el valor del *ticket* medio y los costes.

◆ **Costes:** conocer los costes fijos y variables permite establecer la política de empresa, así como protocolos de venta. Hay que tener presente que el control de los costes diferencia ente la viabilidad o no del establecimiento.

◆ **Relación ventas/horario:** se trata de conocer los tramos horarios en los que se produce un mayor volumen de ventas, para facilitar el dimensionamiento óptimo de los recursos de personal.
Este estudio también permite el desarrollo de nuevas propuestas con el objetivo de potenciar el consumo y/o visitas de clientes en aquellos rangos de menor afluencia.

◆ **Satisfacción cliente:** conocer la opinión y experiencia del cliente permite reorganizar la oferta, el servicio o incluso la decoración y filosofía del restaurante.

IMPORTANTE

Los objetivos asociados a los requisitos logísticos que cumplir deben ser:

- Específicos
- Medibles
- Alcanzables
- Realistas
- Temporizados

ACTIVIDAD COMPLEMENTARIA

1. Busca información sobre las ratios aplicadas a las distintas gamas de productos asociados al servicio de restaurante-bar, a fin de implantar una correcta política de precios que contribuya tanto a la viabilidad económica del establecimiento como a la satisfacción del cliente.

5. Resumen

El concepto de **logística** hace referencia al conjunto de medios y métodos ideados para llevar a cabo la organización de una empresa o de un servicio, lo que plantea, en los casos de restaurante-bar, la necesidad de contemplar:

En cuanto a los costes logísticos relacionados con la actividad del restaurante-bar, hay que diferenciar los denominados **costes de operación** y los **costes de transporte,** que, a su vez, están condicionados por el diseño, la productividad y la operatividad.

En torno a los indicadores de la gestión logística, es importante tener presente los parámetros relacionados con:

- ⮕ Abastecimiento
- ⮕ Almacenamiento
- ⮕ Inventario
- ⮕ Transporte
- ⮕ Servicio al cliente
- ⮕ Cálculos económicos

Además, dichos parámetros facilitan el estudio de unos indicadores clave de rendimiento que, en el caso del restaurante-bar, se relacionan con:

- Flujo de caja
- Relación clientes/ventas
- *Ticket* medio
- Costes
- Tiempo de servicio
- Relación ventas/horario
- Productividad del personal
- Satisfacción cliente

Ejercicios de autoevaluación
Unidad de Aprendizaje 1

1. Indica si las siguientes afirmaciones son verdaderas o falsas.

   a. La logística en el restaurante-bar no influirá en la satisfacción del cliente.

   - ■ Verdadero
   - ■ Falso

   b. En el proceso logístico dentro de la empresa, el cliente no juega ningún papel y por tanto no se contempla.

   - ■ Verdadero
   - ■ Falso

   c. La capacidad de servicio será determinante en la aplicación de una logística correcta.

   - ■ Verdadero
   - ■ Falso

2. Identifica los pilares asociados a la logística del restaurante-bar:

   a. Capacidad de servicio.
   b. Costos.
   c. Oferta gastronómica.
   d. Publicidad.
   e. Servicio y personal.

3. En el análisis de los costos...

   a. ... es necesario contemplar tanto los gastos directos como los indirectos.
   b. ... no se incluyen los denominados gastos directos.
   c. ... los gastos indirectos no deben ser contemplados.
   d. Todas las opciones son incorrectas.

4. En el estudio logístico de la oferta gastronómica, es necesario...

a. ... identificar tanto los platos como su demanda.
b. ... cumplir con la calidad esperada.
c. ... aplicar y cumplir el tiempo de elaboración.
d. Todas las opciones son correctas.

5. El cálculo del coste logístico...

a. ... será del 15 % en el caso de los establecimientos de restaurante-bar.
b. ... debe contemplar cada una de las fases por las que pasa el producto, dando como resultado un precio final.
c. ... no incluye la gestión del productor.
d. ... no influirá en los parámetros de rentabilidad y, por tanto, en el precio final.

6. El cómputo de costes logísticos se relaciona con...

a. ... los proceso de almacenamiento.
b. ... los procesos de transporte y aprovisionamiento.
c. ... las necesidades de mantenimiento e inventariado.
d. Todas las opciones son correctas.

7. La cadena de valor se define como...

a. ... las actividades necesarias para crear un producto o servicio.
b. ... las pautas de inventariado.
c. ... el conjunto de costes.
d. ... el proceso eficiente.

8. ¿Cuál de los siguientes casos puede ser causa de un incremento de los costes logísticos?

a. Por el diseño.
b. Por la improductividad.
c. Por la operatividad.
d. Todas las opciones son correctas.

9. **Uno de los indicadores que hay que tener presentes en la gestión logística del restaurante-bar es el relacionado con el almacenamiento, teniendo como parámetros relacionados:**

      a. Volumen.
      b. Coste de kilometraje.
      c. Tiempo de almacenaje.
      d. Percepción de calidad.

10. **Indica si las siguientes afirmaciones son verdaderas o falsas.**

      a. Para analizar el rendimiento de tu restaurante-bar, es necesario saber si la estrategia implantada permite conseguir los objetivos previamente marcados.

      ■ Verdadero
      ■ Falso

      b. Los objetivos asociados a los requisitos logísticos que se quieren cumplir deben ser específicos, medibles, alcanzables, realistas y estar temporizados.

      ■ Verdadero
      ■ Falso

Gestión y organización de los almacenes

Contenido

Objetivos

El objetivo general de esta Unidad de Aprendizaje es:

→ Conocer los parámetros de gestión y organización del almacén del restaurante-bar.

Los objetivos específicos de esta Unidad de Aprendizaje son:

→ Reconocer los principios organizativos del almacén.

→ Identificar las necesidades de almacenamiento según el tipo de producto a almacenar.

→ Diseñar y distribuir almacenes en plano contribuyendo al desarrollo posterior de la actividad.

→ Diferenciar las cualidades y características de los sistemas de gestión de almacén informatizados (SGA).

1. Introducción

Pese a que la gestión y logística de un almacén puede ser propia del establecimiento, es importante tener presente que todo almacén debe cumplir con unas pautas generales a fin de salvaguardar la integridad de los productos almacenados y facilitar su gestión logística; pautas, en ocasiones, regidas por normativa.

Planificar la gestión del almacén es fundamental, y existen herramientas como *lay out,* que permite diseñar este espacio, y sistemas de gestión de almacén informatizado (SGA), cuya finalidad es controlar y optimizar los procesos relacionados con la actividad con el objetivo de propiciar su rentabilidad y eficacia.

Ten presente que la tipología y el volumen de los productos que se van a almacenar son dos parámetros determinantes en torno a las necesidades de diseño. No obstante, la logística propia de la distribución también es un factor que tener presente, pudiendo requerir de la instalación de zonas anexas como la referida a la zona de recepción, carga y descarga, zona de control, etc.

En función de estos aspectos, y para ofrecer una mayor practicidad en el estudio de la gestión y organización de los almacenes, expondremos los casos acontecidos en el restaurante-bar Galera.

2. Principios organizativos de almacén

 **HILO CONDUCTOR**

Para hacer frente al nuevo planteamiento en la gestión de compras del restaurante-bar Galera, es necesario diseñar un almacén. Para ello, y para cumplir los principios organizativos que requiere este tipo de estructura, así como debido a la necesidad de contribuir a la inocuidad de los productos almacenados, se tendrá presente la normativa y las guías de buenas prácticas de manipulación, estableciendo una organización adecuada, tanto según las necesidades de mantenimiento y producción como según las características de rotación.

El almacén de un restaurante-bar se concibe como un elemento muy dinámico, con entradas y salidas de mercancías constantes, por lo que su planificación es fundamental. Ten presente que una mala gestión o unos costes elevados asociados a una planificación errónea provocan inestabilidad general en la empresa. Por el contrario, su correcta organización permite una reducción de gastos, siendo además clave para garantizar una buena calidad del servicio y garantizar la inocuidad de los productos.

Una acertada planificación de la ubicación, tamaño y diseño es esencial para el éxito del almacén y, por tanto, de la actividad general del establecimiento. Actualmente tiene un gran peso en la empresa, pues permite reducir costes y propiciar la estabilidad en el negocio, mostrándonos más competitivos frente al resto.

2.1. Funcionalidad del almacén

Todo almacén se diseña a fin de custodiar, proteger y controlar los bienes en él depositados, logrando al mismo tiempo una rotación eficiente de los productos. Ten presente que el manejo y almacenamiento asociado a la actividad de almacenamiento conlleva un coste, así como un deterioro aparente, sobre todo en aquellos productos que, por sus características organolépticas y de conservación, tienen unas necesidades específicas.

Esto hace que la funcionalidad refleje:

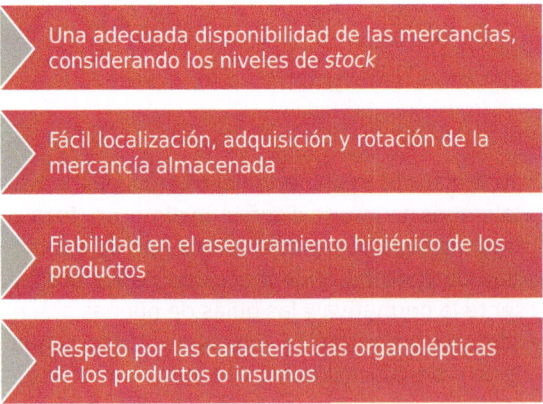

Una adecuada disponibilidad de las mercancías, considerando los niveles de *stock*

Fácil localización, adquisición y rotación de la mercancía almacenada

Fiabilidad en el aseguramiento higiénico de los productos

Respeto por las características organolépticas de los productos o insumos

IMPORTANTE

La localización del almacén debe facilitar la gestión general del establecimiento, por lo que es un criterio fundamental que ha de contemplarse.

Al mismo tiempo, ten presente que también es necesario marcar como objetivos básicos en todo almacén los relacionados con la **optimización de costes, espacios y recorridos,** lo que requiere de una buena planificación. Para ello, el diseño del almacén contemplará:

➲ La distribución de los espacios internos y externos.
➲ La elección del tipo de estructura de almacenaje.
➲ La gestión eficaz de los recorridos y manipulaciones dentro del almacén.
➲ Los sistemas de administración y gestión.

2.2. Factores organizativos

La organización de todo almacén, además de contar con una funcionalidad específica, es dependiente directamente de factores como el **tamaño de la empresa** o el **tipo de mercancía a almacenar.** No obstante, no son los únicos factores, y es importante destacar los presentados a continuación:

➲ **Recepción:** el lugar de almacenamiento debe estar provisto de un área para gestionar la recepción de los productos a almacenar, facilitando su revisión y registro.
➲ **Expedición:** el lugar de almacenamiento debe estar dotado de un sitio donde se realice la expedición de la mercancía, permitiendo tanto la revisión como el registro, sin olvidar la denominada "marcha adelante", que evitará la contaminación cruzada.
El lugar de recepción y expedición de un almacén no deberá tener la misma ubicación.
De no ser posible el cumplimiento de esta premisa, se tendrá que propiciar una adecuada gestión que evite la contaminación cruzada.
➲ **Características del producto:** las necesidades de conservación del producto es uno de los factores determinantes para la organización del almacén, debiendo existir tantos ambientes o zonas como requieran las características del producto que se va a almacenar. Al mismo tiempo, en un mismo ambiente o zona de almacenamiento, también es necesario

establecer criterios de ordenación, controlando la contaminación y/o deterioro.

Los productos que supongan un mayor factor contaminante deben ser depositados en estantes o zonas inferiores, evitando la contaminación cruzada asociada al goteo, desprendimiento, etc.

⇨ **Uso y rotación:** las necesidades de uso y rotación del producto almacenado son un factor determinante en la organización del almacén, propiciando tanto la adquisición del producto como su reposición. Así, los productos de mayor consumo y rotación se dispondrán en zonas de mejor acceso.

⇨ **Volumen/peso:** el volumen/peso del producto a almacenar es una de las cuestiones que hay que tener presentes, tanto por la viabilidad de su manejo como por la seguridad del personal, favoreciendo su manejo y evitando posibles accidentes relacionados con la caída del producto.

Al respecto es importante considerar la capacidad de resistencia de apilado de los productos, de forma que nunca se debe rebasar dicha capacidad.

Los productos de gran volumen y pesados se deberán depositar en estantes inferiores.

 TAREA 3

Como responsable de llevar a cabo la reforma del almacén del restaurante-bar Galera, ¿qué datos deberás solicitar y qué principios deberás tener presentes previamente? ¿Es importante conocer la oferta gastronómica del restaurante-bar?

Justifica tu respuesta.

3. Almacén como parte integrante de nuestra tipología de productos

 HILO CONDUCTOR

En el diseño y distribución de la zona de almacenamiento del restaurante-bar Galera, se ha tenido presente la oferta culinaria del establecimiento, ya que

Continúa en página siguiente >>

<< Viene de página anterior

su adecuación es fundamental. Así, por ejemplo, debido a que la demanda de vinos en este establecimiento es muy alta, se ha apostado por la construcción de una cava vista al cliente donde, además de almacenar y conservar los vinos, también se facilita su adquisición.

El tipo de mercancía a almacenar supone un factor organizativo prioritario, lo que supone establecer zonas o localizaciones específicas de los productos que se van a comercializar o insumos que se van a transformar, siendo determinante el tipo de oferta, volumen y características del servicio.

Así, se diferencia entre los siguientes tipos de almacén:

- **Almacén de productos no perecederos:** en el restaurante-bar, el almacén de productos no perecederos se considera el almacén principal, pudiendo integrar en su disposición tantas zonas como requiera según las necesidades organizativas. De forma general, se diseña para albergar aquellos productos que no necesitan refrigeración para su conservación, siendo su principal propósito contribuir con la gestión general del establecimiento y evitar la contaminación durante el proceso.
- **Almacén de productos perecederos:** se trata de un almacén dotado de sistemas de refrigeración, tanto positiva como negativa (almacén o zona de productos refrigerados y almacén o zona de productos congelados). Dicho almacén suele estar compuesto por cámaras de refrigeración y congelación, dividiéndose a su vez por familias de productos (para carnes, para pescados, para frutas y verduras, para postres...). Su regulación atenderá al producto a conservar y su dimensión dependerá del volumen de almacenamiento requerido.
- **Almacén de productos en proceso:** dada la actividad del restaurante-bar, los productos almacenados son sometidos a transformación, lo que modifica sus características y necesidades de conservación, por lo que es común disponer de una zona de almacenamiento para productos en proceso de elaboración. Se trata de productos preelaborados que requerirán de un tratamiento para su puesta a disposición del comensal o consumidor y que pueden integrar más de una familia de productos.
- **Almacén de productos terminados:** la exposición de productos en el restaurante-bar también es muy representativa, lo que requiere de la localización de una zona que, cumpliendo con los principios de buenas prácticas de manipulación, propicie su adquisición y/o venta.
  Dada la distinta naturaleza de los posibles productos almacenados, en su interior se debe garantizar una adecuada distribución, agrupando los productos en torno a sus ingredientes o familia.

- **Almacén de devolución:** pese a que la adquisición de toda mercancía tiene asociado un proceso de revisión, es posible que no siempre se detecte a simple vista una irregularidad, lo que hace necesario contar con una zona en la que se deposite todo aquel alimento que requiera de devolución, teniendo presente sus características y necesidades de conservación a fin de que el proveedor pueda comprobar la veracidad de nuestra reclamación.

- **Almacén de menaje y embalajes** *(packing)*: el menaje del restaurante-bar es variado y abundante debido a la necesidad de adaptación a las distintas ofertas del establecimiento, así como a las necesidades de reposición por deterioro, rotura o incluso robo. Dicho almacén o zona suele incluir a su vez aquellos insumos orientados al servicio de sala, como servilleteros, bandejas, campanas, pequeña maquinaria, etc. Además, dada la integración de servicios de *take away* y *delivery*, también es común el almacenamiento en estas zonas de todo tipo de embalajes.

- **Almacén de lencería:** se trata del almacén destinado a la guarda de la mantelería y servilletas utilizadas en el servicio de comedor.

- **Almacén de bebidas:** pese a que la conservación de las bebidas suele llevarse a cabo en el almacén general o de productos no perecederos, los requerimientos específicos para su servicio hacen que se requiera de una zona de conservación específica, en la que la temperatura es determinante. Esta indicación es muy representativa en los servicios de vinos y cavas, siendo común contar con los denominados armarios cava o incluso una zona de bodega.

- **Almacén de productos y materiales de limpieza:** dada la naturaleza química de este tipo de productos y su factor de contaminación, el almacenamiento de estos productos requiere de una zona específica, delimitada e identificada de manera adecuada.

 TAREA 4

Un alto porcentaje de los insumos utilizados en el restaurante-bar Galera son frescos (carnes, pescados, frutas y verduras). En cambio, los productos congelados solo son representativos en el caso de los postres.

Como principios a tener presentes ante el diseño del o los almacenes, ¿esta información se considera fundamental? ¿Qué tipo de almacén o almacenes se deberán disponer?

Justifica tu respuesta.

4. Sistemas de almacenaje: introducción, tipologías

☞ HILO CONDUCTOR

En el almacén general del restaurante-bar Galera se ha optado por un sistema de almacenaje móvil. Además, se lleva a cabo una división de los alimentos en torno a sus necesidades de conservación y naturaleza, y se ha impuesto un orden en función de la demanda del producto y fecha de consumo preferente. Así, además de agilizar los procesos relacionados con la preparación de pedidos, se asegura la rotación de *stock* y se evita en gran medida el vencimiento o deterioro asociado a ellos.

Subsiste, todavía a fecha de hoy, una concepción antigua del término **almacén,** como si se tratara de un depósito o una bodega. A pesar de ello, es un elemento clave dentro de la empresa, la mayoría de las veces indispensable para el funcionamiento de esta.

Hay una serie de conceptos esenciales para todo almacén como son la **planificación, la organización, la anticipación, la comunicación** o **el rigor,** ya que sin ellos no sería viable para ninguna empresa.

Los **avances tecnológicos** han incidido de forma notoria en su desarrollo, tanto a nivel organizativo y material como de gestión. De ahí que exista en la actualidad una tipología muy variada, con diseños muy bien planificados y sistemas de gestión totalmente innovadores e informatizados.

Una acertada planificación de la ubicación, tamaño y diseño del almacén es fundamental para su éxito. Cada vez conlleva un mayor peso en la empresa, por lo que una mala gestión o unos costes elevados debido a una mala planificación pueden provocar la inestabilidad de toda la compañía.

4.1. Tipos de almacén en torno a su infraestructura

Independientemente del tipo de producto almacenado, es importante contar con un método de almacenamiento efectivo, lo que requiere tener presente las características del producto, su rotación y/o necesidades de conservación.

De forma general, como sistema organizativo común en el restaurante-bar, se suele contar con una infraestructura convencional. No obstante, las nuevas necesidades y avances asociados a este tipo de establecimiento contemplan la posibilidad de incluir otros, siendo los más significativos los presentados a continuación.

Infraestructura convencional
- Se trata del sistema más común de almacenamiento en el que se integra el uso de estanterías, donde se exponen los productos de forma ordenada, así como el almacenamiento de productos paletizados.
- La disposición de las estanterías atenderá a las necesidades organizativas, tamaño y forma de almacén.

Infraestructura móvil
- Es un sistema de almacenamiento pensado para el aprovechamiento máximo del espacio. Los medios utilizados para el almacenaje reposan sobre raíles que permiten su desplazamiento.

Infraestructura dinámica
- Se trata de sistemas de almacenamiento automatizados, en los que las estanterías o sistemas de almacenado están dotados de rodillos que permiten automatizar los movimientos de los productos.

Infraestructura semiautomática/automática
- Son sistemas de almacenamiento dotados de equipos robotizados. Este sistema, además de minimizar los errores en la manipulación, ofrece grandes ventajas en torno a la gestión del almacén, ya que con un *software* de gestión adecuada contribuye en la elaboración de inventarios, control de *stock*...

4.2. Tipos de almacén en torno a la organización del espacio y distribución de la mercancía. Hueco fijo, hueco variable

Aplicar una correcta organización del espacio es fundamental a la hora de optimizar el trabajo en el almacén, aspecto que depende de cada empresa y del volumen de las operaciones realizadas.

Al respecto se diferencian dos tipos fundamentales de organización:

- **Hueco fijo:** es un sistema de almacenamiento ordenado donde cada referencia tiene un lugar establecido. Este sistema permite controlar mejor la ubicación de los productos almacenados adaptando cada hueco a las características físicas de cada tipo de mercancía, pero no permite aprovechar toda la superficie del almacén. Se necesita estimar la capacidad máxima para no tener huecos sin uso, lo que es complicado y probablemente siempre haya espacios sin ocupar.
- **Hueco libre:** es un sistema de almacenamiento caótico donde cada ubicación de los productos es diferente en función de los espacios que haya disponibles en cada momento. Este sistema permite aprovechar mejor el espacio del almacén, pero la localización de los productos es más complicada, ya que dependerá de la situación en la que se encuentre el *stock* de productos en cada momento. Para un mejor control es necesario un *software* que se encargue de gestionar la ubicación de cada mercancía, para así tener localizado en todo momento el producto.

La aplicación de uno u otro sistema organizativo ofrece una serie de ventajas e inconvenientes, siendo importante destacar las presentadas a continuación:

	Almacén "hueco fijo"	Almacén "hueco libre"
Ventajas	- Ubicación fija de cada producto. - Control visual de la mercancía.	- Mayor aprovechamiento del espacio.
Inconvenientes	- Necesidad de prevención de los espacios disponibles. - Huecos desaprovechados. - Obligación de que cada producto esté en el espacio establecido.	- Necesidad de un *software* de gestión. - Ubicación variable de la mercancía según disponibilidad.

5. *Lay out* de los almacenes

☞ **HILO CONDUCTOR**

Para evitar futuros errores en el diseño del nuevo almacén del restaurante-bar Galera, se han contratado los servicios de un especialista en *lay out* de almacén, por lo que se espera la aplicación de un sistema organizativo que permita el máximo aprovechamiento del espacio, así como garantías en los procesos de gestión relacionados con esta actividad.

El término *lay out,* referido al contexto de almacén, agrupa al conjunto de métodos y medios organizativos destinados a controlar y programar todas las actividades que se realizan en el almacén, de modo que se consiga su optimización para lograr los objetivos marcados.

Cuando se realiza el *lay out* de un almacén, se debe tener en cuenta:

- ⮑ La estrategia de entradas y salidas del almacén y el tipo de almacenamiento más efectivo (siempre en función de las características del producto).
- ⮑ El tipo de transporte interno dentro del almacén.
- ⮑ La rotación de los productos.
- ⮑ El nivel ideal de *stock*.
- ⮑ El embalaje (si fuese necesario).
- ⮑ Las pautas propias de la preparación de pedidos.

 IMPORTANTE

El *lay out* de todo almacén diferencia dos fases: la referida al local o instalación (continente) y la dedicada a la disposición de los elementos que deben integrarse dentro (contenido).

Un correcto diseño del *lay out* permitirá la reducción de tiempos de recorrido de las diferentes tareas en el almacén, así como un óptimo aprovechamiento de su espacio. Esto se traducirá en un ahorro de costes que aumentará la competitividad de la empresa. Además, aportará una serie de **ventajas:**

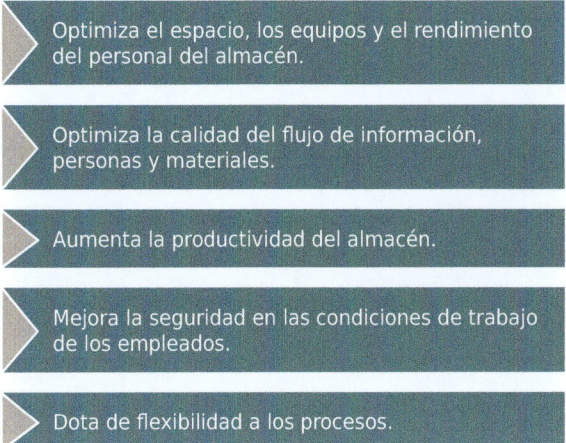

En cuanto a las áreas que tener en cuenta en el diseño del *lay out,* es importante destacar las siguientes:

- ➲ Recepción y expedición.
- ➲ Almacenamiento.
- ➲ Preparación de pedidos *(packing).*
- ➲ Zonas auxiliares.
- ➲ Zona de salida, verificación o consolidación.
- ➲ Zona de paso o maniobra.
- ➲ Zona de oficina.

Todo almacén debe tener en cuenta las áreas presentadas. No obstante, dichas áreas pueden ocupar un mismo lugar siempre que se tomen las medidas adecuadas que aseguren los procesos que se van a llevar a cabo.

 **APLICACIÓN PRÁCTICA**

En el restaurante-bar Galera se está llevando a cabo una ampliación del almacén, para lo que se contrata a un especialista para que diseñe el *lay out* de este. ¿Podrías indicar algunas de las ventajas de un buen *lay out*?

Continúa en página siguiente >>

<< Viene de página anterior

Solución

Ten presente que el diseño *lay out* de almacén tiene como finalidad optimizar los procesos, dar flexibilidad y optimizar el espacio, equipos y rendimiento y, por tanto, esto se reflejará en un aumento de la productividad. A su vez, se relaciona con una minimización de costes, un aumento de competitividad...

 TAREA 5

El volumen de productos a almacenar en el restaurante-bar Galera hace que contar en el almacén con una infraestructura convencional no cubra las necesidades, por lo que falta *stock* continuamente, no se puede ampliar la oferta, etc. Como gestor del establecimiento, propón una solución de diseño y distribución que propicie el volumen de almacenamiento, dando solución a este problema.

Justifica tu respuesta.

---

6. Sistemas de gestión de almacén informatizado (SGA)

 HILO CONDUCTOR

La rotura de *stock* del almacén supone grandes problemas en torno a la gestión general de todo establecimiento de restaurante-bar, por lo que se ha pensado en dotar al nuevo almacén de algún sistema de gestión que facilite el control de *stock*, así como otras iniciativas relevantes como puede ser la generación de inventarios, albaranes o registros documentales propios de la actividad.

Los avances tecnológicos han incidido de forma notoria en el desarrollo de los sistemas de gestión de almacenes, tanto a nivel organizativo y material como de gestión. De ahí que exista una tipología muy variada, con diseños muy bien planificados y sistemas de gestión totalmente innovadores e informatizados.

La gestión de un almacén debe ser primordial para cualquier empresa, ya que es un aspecto que afecta a los costes del sistema logístico y, por ende, a los costes del conjunto. Así, se entiende que un almacén correctamente gestionado permite:

➲ Mejora la gestión de los pedidos, la satisfacción de los clientes y la competitividad de la empresa.
➲ Reduce los costes, ya que si la mercancía está mejor organizada, se minimiza su deterioro y se aprovecha mejor el espacio.
➲ Reduce los trámites administrativos y la carga de trabajo.

 **NOTA**

Debido a lo importante que es contar con una correcta organización en la gestión de la recepción de la mercancía, de su almacenamiento, gestión y expedición de los pedidos, es necesario tener un buen sistema de registro y control.

6.1. Objetivos de implantación de un sistema de gestión de almacén (SGA)

El objetivo de tener un sistema de gestión de almacenes es suministrar la información adecuada para poder controlar, de forma correcta, los movimientos de las mercancías o productos dentro del almacén. Es decir, mediante el SGA se permite optimizar y automatizar los procesos realizados en el almacén, de manera que se mejore la productividad en la recepción de las mercancías, almacenamiento, clasificación o ubicación de los productos y en la preparación y expedición de los pedidos.

Debido a que los almacenes cada vez manejan un mayor volumen de mercancías, contar con un SGA es algo esencial para poder agilizar el proceso logístico.

Además, permite obtener las siguientes ventajas:

- Facilita la ubicación de los productos.
- Controla de manera eficiente el *stock* del almacén.
- Gestiona los datos del almacén.
- Minimiza tareas administrativas.
- Acelera los procesos de logística.
- Propicia la mejora de calidad en los productos.
- Reduce costes.
- Minimiza el tiempo de los procesos.
- Aumenta la satisfacción del cliente.
- Reduce los plazos de entrega.

A su vez, el programa *(software)* de gestión de almacenes debe permitir:

Mejora la recepción y devolución de la mercancía, permitiendo saber la disponibilidad de *stock* que existe.

Permite organizar el almacén utilizando todo el espacio disponible.

Facilita la gestión de pedidos sobre el *stock* disponible, de manera que se optimizan los recursos, se reducen errores y se controlan los platos.

Contribuye a sincronizar las operaciones de almacén con las llegadas y salidas de mercancías, reduciendo así los tiempos de espera.

 **NOTA**

La elección del *software* o programa de gestión de almacén dependerá de las características del almacén o empresa que se vaya a gestionar.

ACTIVIDAD COMPLEMENTARIA

2. Busca información sobre algunos de los sistemas o *softwares* de gestión de almacén adaptados a las necesidades específicas del almacén del restaurante-bar, detallando sus características y singularidades.

 TAREA 6

Para sacar un mayor aprovechamiento de la zona de almacenado, se ha optado por implantar un sistema de almacenamiento basado en una infraestructura móvil. No obstante, no es suficiente, por lo que se ha comenzado a buscar un *software* destinado a la gestión del almacén.

¿Qué objetivos se esperan obtener con dicha implantación? Determina dichos principios.

Justifica tu respuesta.

7. Resumen

La correcta gestión y organización de los almacenes se relaciona con la viabilidad del establecimiento, de ahí la importancia de su control.

La funcionalidad del almacén se refleja en los siguientes aspectos:

- ⮕ Una adecuada disponibilidad de las mercancías, considerando los niveles de *stock*.
- ⮕ Fácil localización, adquisición y rotación de la mercancía almacenada.
- ⮕ Fiabilidad en el aseguramiento higiénico de los productos.
- ⮕ Respeto por las características organolépticas de los productos o insumos.

La tipología de los productos a almacenar determinará su organización, pudiéndose diferenciar en el caso del restaurante-bar los siguientes tipos de almacén:

- Almacén de productos no perecederos.
- Almacén de productos perecederos.
- Almacén de productos en proceso.
- Almacén de productos terminados.
- Almacén de devolución.
- Almacén de menaje y embalajes *(packing)*.
- Almacén de lencería.
- Almacén de bebidas.
- Almacén de productos y materiales de limpieza.

Los distintos tipos de infraestructura hacen diferenciar entre:

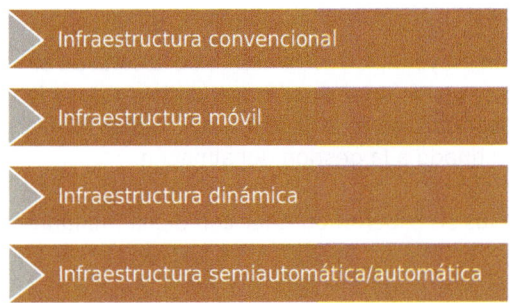

A su vez, la organización del espacio y distribución de la mercancía hacen posible diferenciar entre los sistemas de organización de hueco fijo y hueco libre.

El término *lay out*, referido al contexto de almacén, hace referencia al control de todas las actividades que se realizan en él, teniéndose en cuenta especificaciones como:

- La rotación de los productos.
- El nivel ideal de *stock*.
- La estrategia de entradas y salidas del almacén y el tipo de almacenamiento más efectivo (siempre en función de las características del producto).

A su vez, es importante considerar los denominados SGA, ya que su implantación refleja ventajas como:

Facilita la ubicación de los productos	Controla de manera eficiente el *stock* del almacén	Minimiza tareas administrativas
	Reduce costes	Aumenta la satisfacción del cliente

Ejercicios de autoevaluación
Unidad de Aprendizaje 2

1. Indica si las siguientes afirmaciones son verdaderas o falsas.

 a. Todo almacén debe cumplir con unas pautas generales a fin de salvaguardar la integridad de los productos almacenados y facilitar su gestión logística.

  ■ Verdadero
  ■ Falso

 b. Todo almacén se diseña a fin de custodiar, proteger y controlar los bienes en él depositados, logrando al mismo tiempo una rotación eficiente de los productos.

  ■ Verdadero
  ■ Falso

2. La localización del almacén...

 a. ... no repercutirá en los principios organizativos del almacén.
 b. ... debe facilitar la gestión general del establecimiento, y es un criterio fundamental que ha de contemplarse.
 c. ... no incide en la organización del establecimiento.
 d. Todas las opciones son incorrectas.

3. Identifica cuál o cuáles de los siguientes objetivos se consideran básicos para todo almacén:

 a. Optimización de costes.
 b. Optimización de espacios.
 c. Optimización de recorridos.
 d. Todas las opciones son correctas.

4. ¿Qué factores deben tenerse presentes en la organización de todo almacén?

 a. Tamaño de la empresa.
 b. Tipo de mercancía a almacenar.

c. Uso y rotación de los productos.
d. Todas las opciones son correctas.

5. Indica si las siguientes afirmaciones son verdaderas o falsas.

a. Todo almacén debe contar con un lugar para gestionar la recepción de los productos.

- Verdadero
- Falso

b. Solo los almacenes con superficie superior a 200 metros cuadrados requieren de lugar de expedición.

- Verdadero
- Falso

6. Dada la oferta global asociada a los establecimientos tipo restaurante-bar, se considera almacén principal aquel destinado a:

a. Productos no perecederos.
b. Productos perecederos.
c. Productos de devolución.
d. Menaje y embalajes.

7. Una infraestructura dinámica se caracteriza por...

a. ... que los medios utilizados para el almacenaje reposan sobre raíles que permiten su desplazamiento.
b. ... ser un sistema de almacenamiento automatizado en el que las estanterías o sistemas de almacenado están dotadas de rodillos que permiten automatizar los movimientos de los productos.
c. ... estar dotada de equipos robotizados.
d. ... requerir que todos los productos almacenados estén paletizados.

8. Identifica cuál o cuáles de las siguientes opciones son ventajas de un sistema organizativo de almacén de "hueco fijo":

   a. Control visual de la mercancía.
   b. Mayor aprovechamiento del espacio.
   c. Implantación de *software* avanzado.
   d. Todas las opciones son incorrectas.

9. Cuando se realiza el *lay out* de un almacén, ¿cuál de los siguientes aspectos se debe tener presente?

   a. La rotación de los productos.
   b. El nivel ideal de *stock*.
   c. El tipo de transporte interno dentro del almacén.
   d. Todas las opciones son correctas.

10. Indica si las siguientes afirmaciones son verdaderas o falsas.

   a. El correcto diseño del *lay out* permitirá la reducción de tiempos de recorrido de las diferentes tareas en el almacén.

   ■ Verdadero
   ■ Falso

   b. La gestión del almacén no afectará a los costes del sistema logístico y, por ende, no repercutirá en los costes del conjunto.

   ■ Verdadero
   ■ Falso

Organización del *stock*

Contenido

Objetivos

El objetivo general de esta Unidad de Aprendizaje es:

→ Analizar las necesidades, tipos y métodos de *stock* y valoración de existencias en el almacén del restaurante-bar.

Los objetivos específicos de esta Unidad de Aprendizaje son:

→ Reconocer la gestión de inventarios asociados a la logística del bar.

→ Identificar tipos de *stock* según su función y operatividad.

→ Optimizar el diseño de un almacén.

→ Diferenciar los métodos de valoración de salidas de existencias.

→ Distinguir las propiedades y características de los insumos utilizados en el restaurante-bar.

1. Introducción

Reconocer las características de un producto, sus necesidades de almacenamiento y los principios asociados a la durabilidad y tangibilidad son principios fundamentales en la gestión de un almacén. No obstante, no son los únicos datos requeridos para conseguir una correcta gestión de almacenado.

Implantar una correcta gestión de inventarios, identificar las necesidades de *stock,* así como contar con una metodología correcta en función de los métodos analíticos de valoración ABC, son elementos fundamentales que se describirán a continuación, junto con la presentación de los métodos de valoración de salidas de existencias (FIFO, LIFO y PMP).

Asegurar la integridad de los productos almacenados también debe ser una prioridad, lo que hace necesario la implantación de unos flujos internos que eviten la contaminación o incluso dificulten la gestión, mermando en definitiva el desarrollo eficaz de la actividad.

Según estos aspectos, y para ofrecer una mayor practicidad al estudio relacionado con la organización del *stock,* expondremos los casos acontecidos en el restaurante-bar Galera.

2. Introducción en la gestión de inventarios

👉 HILO CONDUCTOR

La aplicación de una metodología correcta en la gestión y control de los productos del almacén del restaurante-bar Galera propicia la reducción de costes, la disminución de mermas y el máximo aprovechamiento de las zonas de almacenado. Dicha gestión la lleva a cabo Marta que, además de ser una excelente camarera, tiene amplios conocimientos sobre contabilidad.

Coordinar de forma eficaz la actividad relacionada con un establecimiento de restaurante-bar requiere, sin duda, una gestión correcta de inventariado, permitiendo analizar, determinar y controlar los costes en los que dicha organización o actividad incurre, así como objetivos en relación a:

➲ Confrontar existencias físicas y contables.
➲ Conocer la situación de los materiales.
➲ Definir las necesidades de espacio de las instalaciones.
➲ Localizar materiales obsoletos y deteriorados.

La **gestión del inventario** requiere conocer los diferentes tipos de inventarios que existen, las partes de que está compuesto, cuál es su finalidad, cuáles son los protocolos asociados a su ejecución, así como su definición.

Cada uno de estos principios se desarrolla a continuación. En primer lugar, se dan a conocer la definición de dicho concepto y los tipos, así como las partes en que se divide.

Definición
- Relación de bienes disponibles, clasificados por familias y lugar de ocupación.
- A su vez, el término permite ser contemplado desde dos puntos de vista distintos, dando lugar a:
  - Provisión de materiales que tienen como objetivo principal facilitar la continuidad del proceso productivo y la satisfacción de los pedidos de los consumidores y los clientes.
  - Relación detallada de los artículos que componen el *stock* de una empresa.

Tipos
- Existen diversos principios en torno a la tipificación de los inventarios, no obstante, es importante destacar los siguientes:
  - **Inventario de materias primas:** regulan las entradas de materiales por parte de los proveedores.
  - **Inventario de productos semiterminados:** regulan las fases del proceso cuyos ritmos de producción difieren, siendo las salidas de unos las entradas de las siguientes.
  - **Inventario de productos terminados:** regulan los ritmos de ventas y el de generación de productos.

Continúa en página siguiente >>

<< Viene de página anterior

Partes
- El inventario debe permitir una relación detallada y valorada de existencias, por lo que debe estar conformado al menos por las siguientes partes:
  - **Encabezado:** representado por el nombre de la empresa y dirección, así como el número de orden de inventario.
  - **Cuerpo:** lugar donde aparece cada uno de los productos valorados, haciendo constar: número de elaboraciones valor, cantidad...
  - **Pie:** muestra información sobre la empresa, así como datos significativos como son los relacionados con la fecha, nombre del responsable de gestión...

2.1. Realización del inventario

A fin de garantizar una correcta ejecución y obtener unos resultados adecuados de inventariado, es necesario tener presentes las siguientes consideraciones:

- **Cuándo:** se debe decidir el momento en el que se debe llevar a cabo el inventario, siendo una opción viable y eficaz los momentos de menor actividad, evitando complicaciones y contando con más personal.
- **Quién:** lo realizará personal instruido en la finalidad del inventario y las reglas a seguir.
- **Cómo:** planificar la realización del inventario en torno a un orden racional que facilite el proceso. Agrupar alimentos por familias y unidades de medidas.
- **Formato:** el formato seleccionado para llevar a cabo el proceso de inventariado facilitará los objetos a inventariar ordenados por grupos o categorías, pudiendo además incluir la descripción de sus características físicas y de mercado.
  Mostrará un código de referencia y se incluirá información sobre cantidad, descripción y unidad de medida para cada artículo.

Fases de ejecución del inventario

La realización del inventario debe cumplir con unas fases bien definidas y concretas, diferenciándose entre:

- Recuento y registro de cantidades.

- Verificación de las cantidades usando técnicas de muestreo.
- Actualización de las fichas de almacén con los datos del inventario.

 TAREA 7

Para gestionar el almacén del restaurante-bar Galera se necesita desarrollar un inventario, así como adoptar una metodología correcta para su descripción.

Como responsable de llevar a cabo dicho proceso, define una correcta gestión de inventariado exponiendo tanto la metodología que llevar a cabo como los aspectos que deben contemplarse.

Justifica tu respuesta.

3. Clasificación de *stocks*

 HILO CONDUCTOR

Para determinar los niveles de *stock* en el almacén del restaurante-bar Galera se ha propuesto aplicar el estudio de un *stock* estacional. De esta forma, productos que en temporada alta suben de precio los tenemos almacenados. A su vez, esto permite que la gestión de pedidos de gran volumen también se desplace a épocas de menor trabajo.

Tener un *stock* adecuado es una de las principales y más importantes cuestiones relacionadas con la actividad del restaurante-bar, dada la naturaleza de los productos y la alta rotación que se da en este tipo de actividad.

En la clasificación del *stock* es posible diferenciar dos categorías: según la función del *stock* y según la organización operativa asociada; ambas se describen a continuación.

3.1. Tipos de *stocks* según su función

Se trata de categorizar el concepto de *stock* en función de la función perseguida, siendo posible diferenciar entre:

Stock de alerta
- Se trata del nivel de *stock* que indica el momento en el que se debe reponer. Establecer este tipo de **stock** requiere contar con un umbral de **stock** superior al de seguridad.

Stock inactivo
- Se trata de los productos de almacén que no pueden tener salida, es decir, aquellos productos que no pueden venderse ni integrarse como oferta hacia los clientes.

Stock especulativo
- Representado por aquellos productos adquiridos de forma masiva para aprovechar promociones o bien en previsión de la subida de precios.

Stock estacional
- Se relaciona con el almacenamiento de productos en momentos o periodos del año con menor actividad y/o menor precio de producto, obteniendo una mayor rentabilidad.

Stock en tránsito
- Se relaciona con los productos que se generan en el proceso productivo o de comercialización. Se trata de insumos que han sido utilizados para la elaboración de ofertas específicas, que aún no han tenido salida.

3.2. Tipos de *stocks* según la organización operativa asociada o perseguida

Para cubrir la demanda de pedidos asociada a la actividad, es necesario establecer parámetros que garanticen un *stock* adecuado, relacionado con la capacidad de almacenamiento, la frecuencia y las necesidades de proveernos, así como los picos de demanda que puedan existir, evitando la denominada rotura de *stock* o, por el contrario, la demasía de productos almacenados que pueden producir tanto su deterioro como un sobrecoste sobre el producto.

En toda empresa, el comportamiento de *stock* responde a la siguiente gráfica, donde 1 representa el nivel de *stock* máximo y 2, el nivel de *stock* de seguridad.

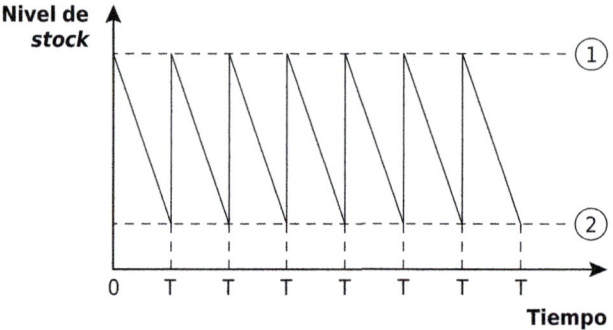

Definir estos parámetros, así como el referido al *stock* óptimo, requiere de un seguimiento o estudio según criterios de ventas, demanda, frecuencia de suministros... y otras casuísticas propias de la actividad. Por ello, a continuación se expone la definición de cada uno de estos conceptos:

➲ ***Stock* de seguridad:** representa la cantidad mínima de *stock* que debes tener en el almacén. Este *stock* no se debe rebasar, ya que puede suponer la paralización de la actividad. Al mismo tiempo, llegar a este nivel de *stock* requiere la reposición inmediata. Por tanto, este nivel de *stock* permitirá mantener el funcionamiento de la cadena de producción o servicio a los clientes, marcando las necesidades de reposición.
Para llevar a cabo el cálculo de *stock* de seguridad, se debe tener presente el plazo de entrega máximo de los proveedores, así como el plazo de entrega medio y el número de ventas.

> *Stock* de seguridad =
> (Plazo máximo de entrega – Plazo medio de entrega)
> × Ventas medias diarias

Se pueden mantener unos niveles bajos de *stock* en los casos en los que se prevea una bajada de precio del producto y cuando la respuesta del proveedor sea efectiva.

⊃ **Stock** máximo: representa la cantidad máxima de *stock* que debes tener en el almacén. Para establecer este nivel de *stock* se consideran las necesidades productivas, la frecuencia de suministros y la especificidad del producto.

El nivel de *stock* máximo puede variar según las necesidades de demanda o producción. Así, por ejemplo, hay productos de demanda estacional que se deberán tener presentes, ya que incluso es posible que en ocasiones de muy alta demanda el nivel de *stock* máximo establecido por criterio, no cumpla con la demanda requerida.

Es importante que la suma de productos almacenados más la solicitud de pedido realizada no sobrepase el nivel de existencias máximo.

⊃ **Stock** óptimo: representa la cantidad de producto que la empresa requiere a fin de asegurar un *stock* correcto y, a su vez, minimice sus costes. Su determinación permite cubrir las necesidades de consumo, a la vez que evitar los costes asociados a la gestión de almacenamiento.

4. Rotación de *stocks*

☞ HILO CONDUCTOR

Hoy se ha producido una rotura de *stock* en el almacén del restaurante-bar Galera, lo que ha impedido ofrecer de forma adecuada el servicio de café. El problema se asocia a la fecha de caducidad de este producto, pues, aunque hay existencias, ha vencido su fecha de caducidad, ya que no se ha llevado a cabo una adecuada rotación de *stock* durante los procesos de reposición, quedando los productos en existencias *(stock* mínimo) siempre en una posición menos accesible.

La rotación de *stock* representa el número de veces que una magnitud se renueva a lo largo de un periodo. En el caso de los establecimientos de restaurante-bar, esta magnitud se relaciona con el número de veces que las materias primas son extraídas del *stock* para ser consumidas en el proceso productivo.

La rotación de *stock* se calcula en función del valor de las referencias consumidas y el valor promedio de dichas existencias. Esto da como resultado el número de veces que se renueva el inventario en un tiempo determinado.

Tasa de rotación =
Valor referencias vendidas / Valor promedio de existencias

 EJEMPLO

Si de un producto A al año se tiene un precio de coste de 42.000 € y el valor medio de existencias en el almacén es de 2.800 €, quiere decir que tiene una tasa de 15. Por tanto, las existencias de este producto se renuevan al año 15 veces.

Este dato permite conocer las necesidades de reposición, pudiendo hallarse el periodo medio de almacenamiento. Así:

$$360 / 15 = 24$$

Esto quiere decir que, a lo largo del año, el producto ha tenido que ser renovado en periodos máximos de 24 días.

4.1. Clasificación de productos en base a su tasa de rotación

En función de la tasa de rotación obtenida, es posible diferenciar entre: productos con alta rotación y productos de baja rotación, suponiendo las siguientes características:

Productos de alta rotación	- Se trata de productos que se renuevan muy frecuentemente en el almacén. Por las características y necesidades del restaurante-bar, se trata de los productos con mayor representación. - Contar con este tipo de producto hace que la rotación y cambios en el inventario sean constantes, lo que requiere de un mayor control.

Continúa en página siguiente >>

<< Viene de página anterior

Productos de baja rotación	- Se trata de productos que permanecen en el almacén durante largos periodos de tiempo. Estos productos generan mayores costes de almacenamiento y tienen asociadas pérdidas por posibles mermas por deterioro, contaminación, etc.

IMPORTANTE

La rotación de un producto en el almacén condicionará su diseño y organización. Así, los productos de mayor rotación se dispondrán en lugares más accesibles, facilitando tanto su retirada como su reposición.

5. Elementos integrantes de la composición de *stock*

☞ HILO CONDUCTOR

El *stock* del restaurante-bar Galera está integrado por materias primas, productos semiterminados y terminados, menaje, equipos... Para cada uno de ellos se tiene establecido un nivel de *stock,* así como una periodicidad de inventariado, propiciando la gestión del almacén.

La actividad del restaurante-bar requiere de una dotación muy extensa en la que se incluyen tanto materias primas como menaje y equipos, lo que hace que sea fundamental el desarrollo de una estructuración. Ten presente que no todos los elementos integrantes del *stock* requieren el mismo control, siendo elementos diferenciadores su uso, características o necesidades de reposición.

Una posible presentación y descripción de estos elementos atiende a la siguiente clasificación:

- **Materias primas:** se trata de cada uno de los productos (insumos) utilizados en la elaboración de la oferta del establecimiento. Son las referencias más abundantes. Suelen presentar una alta rotación y, por tanto, requieren de una atención especial.
- **Productos elaborados:** representan la oferta del establecimiento que está lista para servir a la espera de ser vendida. Su control es fundamental, facilitando el proceso organizativo, ritmo de servicio...
- **Mobiliario:** es todo aquel elemento utilizado para facilitar los procesos de elaboración y servicio. Para su control debe ser catalogado, a su vez, por departamentos, diferenciando de forma principal entre: sala, barra, cocina y almacén. En algunos casos, se añade un departamento extra: "oficina", siempre que suponga un elemento diferenciador y con actividad específica.
- **Materiales diversos:** se trata de productos de uso secundario o complementario a la actividad principal. Es representativo el material de papelería utilizado para cartelería, facturación o control documental...
- **Productos semiterminados:** son los productos elaborados a partir de insumos y, por tanto, nuevas referencias que se deberán controlar y tener presentes en el control de la actividad. En el restaurante-bar esta gama de productos puede llegar a ser muy representativa, lo que supone una clasificación propia.
- **Equipos:** se relaciona con la maquinaria, herramientas y útiles necesarios tanto para la organización del propio almacén como para la del resto de dependencias, así como también elementos relacionados con la transformación de los insumos o el servicio y la ornamentación del establecimiento.
- **Mermas/residuos:** controlar las mermas y/o residuos también facilita el control de gastos. Así, cada vez es más significativa la elaboración de su inventariado.
- **Productos especiales (limpieza y desinfección):** dada la especificidad de uso, mantenimiento y gestión de los productos de limpieza y desinfección, así como el porcentaje de gasto asociado en relación al cómputo general de suministros, es necesario establecer una categoría específica, ajustando los niveles de *stock* que deben contemplarse, así como las estrategias de compra.

  En este grupo de productos también se incluirán el material utilizado para la aplicación de dichos productos y la ejecución de los procesos (bayetas, fregonas, recogedores, cubos, etc.).

IMPORTANTE

Los componentes presentes en los productos de limpieza y desinfección deben ser declarados de forma estricta en su etiquetado, facilitando los procesos de uso y almacenamiento.

ACTIVIDAD COMPLEMENTARIA

3. Busca información sobre las indicaciones más destacadas en torno al manejo y almacenamiento de los productos de limpieza y desinfección de uso común en el ámbito del restaurante-bar.

---

6. Clases de *stocks*

☞ HILO CONDUCTOR

Profundizando en la gestión operativa del restaurante-bar Galera, y a fin de facilitar las tareas propias de la gestión de insumos, se está llevando a cabo un estudio sobre el denominado *stock* cero para algunos productos de uso diario, evitando así las necesidades de gestión que implica su almacenamiento.

La gestión del *stock* permite discernir entre clases de *stock* específicas, siendo significativas en el caso del restaurante-bar el *stock* cero, el *stock* neto y el *stock* de ciclo, todos ellos expuestos a continuación.

Stock cero

- Se trata de disponer del producto de forma inmediata bajo pedido, sin necesidad de almacenamiento. El objetivo de implantación de esta clase de *stock* en el restaurante-bar se relaciona con aquellos productos de consumo diario y que son recibidos diariamente, sin necesidad de almacenado.
- Su implantación, además de permitir disminuir la necesidad de almacenamiento, prevé la adquisición de productos frescos de máxima calidad organoléptica.
- Ejemplo: productos como verduras, pescados o carnes, asociados a un menú pueden ser adquiridos, transformados y servidos sin necesidad de almacenaje.

Stock neto

- El *stock* neto contempla las unidades almacenadas menos las pendientes de salida. Es decir, nos da información sobre aquellos productos que, aunque están en almacén, ya están dispuestos para ofrecer un servicio y, por tanto, se hallan descartados del cómputo global. A su vez, esta clase de *stock* facilita información sobre los productos existentes en el almacén dispuestos para su transformación, uso o servicio.
- Ejemplo: si en las cámaras de refrigeración contamos con 20 unidades de postre A, pero una reserva nos informa del consumo de 15 unidades. Realmente, para la oferta del establecimiento, solo quedan disponibles 5 unidades.

Stock de ciclo

- Dado que una gestión de *stock* cero es compleja, un paso intermedio es el denominado *stock* de ciclo. Dicho *stock* tiene presente la demanda del establecimiento en función de un periodo. De esta forma, las necesidades de *stock* de almacén se minimizan.
- Ejemplo: en el restaurante-bar se pueden establecer dos ciclos semanales, cubriendo la oferta de lunes a jueves y de viernes a domingo. Así, dos entregas semanales de productos minimizarán en gran medida las necesidades de almacenamiento.

IMPORTANTE

Establecer el *stock* cero y el *stock* de ciclo requiere una especial vinculación con el proveedor o proveedores, pues forman parte directa de nuestra organización. Por tanto, se debe contar con proveedores comprometidos y con capacidad de respuesta.

 **TAREA 8**

El gasto asociado al almacén del restaurante-bar Galera es muy alto, por lo que te solicitan ofrecer distintas soluciones que aplicar. Describe sobre qué aspectos podrás incidir para disminuir dicho gasto.

Justifica tu respuesta.

7. Optimización de los costes de *stock*

☞ HILO CONDUCTOR

Conocer el histórico de ventas del restaurante-bar Galera nos permite afrontar la realización de pedidos con mayor seguridad y anteponernos a posibles picos de precios. Así, los precios de productos como la cerveza o el vino de la casa se cierran con el proveedor de forma anual, consiguiendo un precio muy competitivo.

Optimizar el *stock* tiene como finalidad la reducción de costes operacionales y administrativos. A su vez, la gestión de reabastecimiento puede planificarse con mayor rigurosidad, lo que permite obtener mayores ventajas en cuanto a precios y calidades.

En definitiva, optimizar el *stock* se traduce en una disminución de costes, en una mayor disponibilidad de productos y, en general, en una ventaja competitiva en torno a los tiempos y recursos requeridos.

7.1. Proceso asociado a la optimización de costes de *stock*

Optimizar los costes de *stock* requiere la aplicación o ejecución de tareas específicas, como las relacionadas con la determinación de objetivos de rendimiento, el análisis del almacén, la formación del personal o la implantación de análisis como los denominados ABC y Pareto, elementos que se describirán en apartados posteriores.

[67]

No obstante, en primer lugar es necesario identificar, definir y profundizar sobre los siguientes conceptos:

- **Objetivos de rendimiento:** los objetivos de rendimiento asociados a la gestión del *stock* se relacionan con el coste y la calidad de los productos, los plazos de la gestión y la profesionalidad del personal de gestión.
- **Análisis de almacén:** es necesaria la implantación de un sistema de compras y gestión de almacén, asociado a la mejora de tiempos de almacenado y la implantación de metodologías correctas de manipulación, identificación de mercancías, rotación, etc.
- **Formación del personal:** el personal deberá conocer la metodología que aplicar, así como deducir posibles mejoras asociadas a la gestión implantada.

7.2. Aspectos asociados al control de costes de *stock*

Los costes de *stock,* además de estar determinados por el precio de adquisición, se ven incrementados por gastos relacionados con el proceso de almacenamiento, procesado y venta, por tanto, se producirá una mejora aplicando las siguientes acciones:

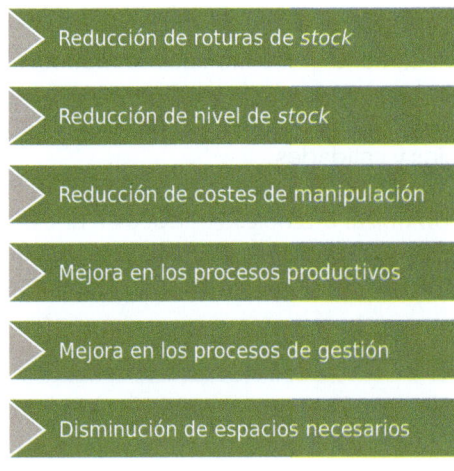

Reducción de roturas de *stock*

Reducción de nivel de *stock*

Reducción de costes de manipulación

Mejora en los procesos productivos

Mejora en los procesos de gestión

Disminución de espacios necesarios

8. Método analítico de valoración ABC

☞ HILO CONDUCTOR

Con el fin de propiciar una buena gestión del almacén y, por tanto, del restaurante-bar Galera, uno de los integrantes de su equipo va a asistir a unas sesiones informativas sobre el método analítico de valoración ABC.

Esto permitirá establecer de forma adecuada los productos del almacén y así minimizar las gestiones relacionadas con su control.

El método ABC es un sistema de gestión de almacén basado en el principio de que solo interesa un control minucioso de los productos más importantes, mientras que, para los que tengan menor relevancia, bastará con una vigilancia menos rigurosa.

Así, el método ABC diferencia en su estudio tres grupos:

- **Grupo A:** está representado por los productos que precisan una mayor atención.
- **Grupo B:** está representado por productos de coste medio e importancia secundaria.
- **Grupo C:** está representado por productos de menor importancia.

La clasificación de las existencias con la implantación del método ABC diferencia entre el valor del producto y el porcentaje de existencias en torno al total. Así, se tiene:

Clase	Valor total (%)	Existencias (% del total)
A	Desde el 30 % hasta el 75 %	Desde un 3 % hasta un 20 %
B	Desde el 20 % hasta el 30 %	Desde un 20 % hasta un 40 %
C	Desde el 5 % hasta el 10 %	Desde un 40 % hasta un 50 %

IMPORTANTE

Para realizar la clasificación de los productos según el método ABC se requiere conocer el valor y cantidad total de existencias con el objetivo de poder calcular los porcentajes.

- -

El estudio del análisis ABC permite el desarrollo de la denominada curva de Pareto-Lorenz, representándose gráficamente como sigue:

- **Eje de abscisas:** porcentaje total de las existencias de cada artículo.
- **Eje de ordenadas:** porcentaje del valor que representa dicho artículo en cuestión.

La implantación de dicho estudio determina como adecuado que el 20 % de las existencias del almacén supongan el 80 % del valor total de las mismas en el almacén.

Representación gráfica del diagrama de Pareto

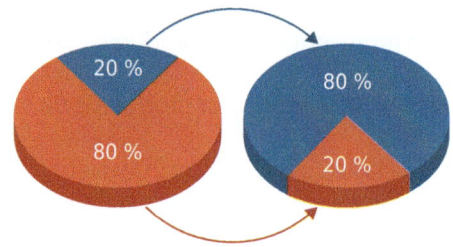

9. Cálculo de la norma

☞ HILO CONDUCTOR

Tras dos años de actividad en el bar-restaurante Galera, se conoce la estimación de consumo mensual, siendo aparentemente lineal, por lo que la estimación de *stock* es muy fiable. Según dichos datos, es posible conocer el cálculo de la norma de *stocks,* lo que facilita además la gestión de pedidos.

- -

El cálculo de la norma de *stocks* o *stocks* normativo facilita información sobre los niveles adecuados de *stocks* en aquellos casos en los que el consumo o ventas son regulares en una línea temporal. Esto limita su funcionalidad en los casos de algunas de las ofertas del restaurante-bar. No obstante, es importante dar a conocer dicha norma, a fin de cubrir con el cálculo de aquellos niveles que gozan de esta peculiaridad.

El denominado cálculo de la norma de *stocks* o *stocks* normativo es la suma de dos componentes: el *stocks* base y el *stocks* de seguridad.

9.1. Cálculo requerido para su desarrollo

Para determinar el *stocks* normativo es necesario establecer de forma previa los parámetros relacionados con el *stocks* base y el *stocks* de seguridad, siendo su método de cálculo el siguiente:

El método de cálculo del **stock de seguridad** requiere de un estudio compuesto, en el que intervienen tantos ítems como casuísticas puedan darse en un periodo dado.

Esto hace que la fórmula requerida sea la siguiente:

$$\textit{Stock de seguridad} = \text{Factor Z} \times \sigma \times \sqrt{(L/F)}$$

Donde:

➲ Factor z se toma de las tablas de estadística según el grado de protección (servicio) que deseemos dar.
➲ σ es la desviación típica o estándar de la demanda.

⮕ √(L/F) es el factor de corrección a aplicar cuando el denominado *lead-time* y el periodo del *forecast* de ventas no están expresados en las mismas unidades de tiempo.

 EJEMPLO

Sabiendo que una desviación estándar de una demanda es igual a 100 y que se desea un grado de servicio del 97 % (según las tablas σ es igual a 2), y tanto la demanda como el *lead-time* están expresados en meses, el resultado será:

$$2 \times 100 \times \sqrt{(1/1)} = 200$$

Por otro lado, el método de cálculo del **stock** **base** se relaciona con el número de unidades aprovisionadas de forma anual, divididas entre la frecuencia de aprovisionamiento y después dividido entre dos. Así, por ejemplo, si anualmente se compran 12.000 l de cerveza y el pedido se lleva a cabo cada 15 días, se obtiene que al año se han realizado 24 pedidos. Esto da como resultado que en cada pedido se han recibido 500 l. Por tanto, el *stock* base estimado es de 250 l.

10. Flujos internos

 HILO CONDUCTOR

Dentro de las instalaciones del restaurante-bar Galera el flujo de insumos diferencia entre aquellos productos que tienen un servicio directo, sin necesidad de transformación, y aquellos a los que se les relaciona una gestión completa.

La organización y tipificación de las tareas del restaurante-bar implica reconocer distintos tipos de flujo, estando este representado por las operaciones o movimientos llevados a cabo con los materiales o mercancías en los procesos de entrada, gestión y salida.

No obstante, es posible realizar una tipificación de los flujos, diferenciando entre:

- **Flujo simple:** se desarrolla en aquellos productos que son servidos de forma directa, no requiriendo transformación. Este tipo de flujo puede asociarse al servicio de algunas bebidas, que son recepcionadas, almacenadas y expedidas bajo demanda del consumidor.
- **Flujo medio:** se trata de la gestión llevada a cabo con aquellos productos que requieren de un tratamiento básico intermedio previo a su expedición.
- **Flujo completo:** se trata de la gestión realizada con aquellos productos que requieren una manipulación compleja. En el restaurante-bar se relaciona con la mayor parte de los procesos. Los productos recepcionados requieren de zonas de manipulación intermedias, con pequeñas o grandes transformaciones, dando lugar incluso a otros productos.

NOTA

La logística en el bar hace que un alto porcentaje de los productos requieran de una gestión característica, dando lugar a un flujo completo.

TAREA 9

La retirada de los productos del almacén del restaurante-bar Galera cada vez se dilata más en el tiempo, lo que evidencia una mala organización o estructuración.

Como miembro del equipo del restaurante-bar Galera, analiza qué puede estar sucediendo e indica las medidas que deben aplicarse para optimizar el proceso llevado a cabo en la operatividad del almacén.

Justifica tu respuesta.

---

11. Métodos de valoración de salidas de existencias: FIFO, LIFO y PMP

👉 HILO CONDUCTOR

Haciendo el inventario mensual del restaurante-bar Galera, se ha detectado que hay un *stock* máximo de ginebra, justificándose porque el precio de adquisición era muy bajo y se espera que dicho precio aumente de forma exponencial en los próximos días. Dado que el método de valoración de salida de existencias es FIFO, se espera una mayor rentabilidad en torno a la gestión del establecimiento.

Los procesos organizativos del almacenamiento de productos se llevan a cabo tanto por las características físicas de los productos almacenados como por el comportamiento de su demanda. A su vez, a dicha dinámica se le asocia una metodología de valoración propia, diferenciando principalmente entre los métodos de valoración de salidas de existencias:

- **PMP:** estas siglas significan **precio medio ponderado.** Permite conocer el valor medio del *stock* del almacén. Este método relaciona los costes totales de compra con la cantidad de estos, y no requiere un registro de control en el que se refleje el orden de entrada y salida de las mercancías. Su cálculo responde a la siguiente fórmula:

PMP=
(Suma precio de cada producto × Cantidad de producto comprado) / Cantidad total de producto

- **LIFO:** acrónimo de la expresión *Last In, First Out;* "última entrada, primera salida". El valor de salida de las existencias es el precio de las últimas que entraron. Así, las existencias salen del almacén valoradas en orden inverso al que entraron.
- **FIFO:** acrónimo de la expresión en inglés *First In, First Out:* "primera entrada, primera salida". El valor de salida de los productos del almacén es el precio de las primeras unidades físicas que entraron. De esta forma, las existencias salen del almacén valoradas en el mismo orden en que entraron.

APLICACIÓN PRÁCTICA

A lo largo del mes, en el restaurante-bar Galera se han adquirido:

- **300 unidades de refresco a 0,50 €.**
- **300 unidades de refresco a 0,75 €.**
- **300 unidades de refresco a 0,45 €.**

Sabiendo que la valoración utilizada para la salida de almacén es según el precio medio ponderado, y que no se ha vendido ninguna unidad, ¿qué valoración se dará en la salida de dicha mercancía?

Solución

Para el cálculo del PMP se toma el coste de cada lote adquirido y se suman. Seguidamente, dicha suma se dividirá entre el total de productos adquiridos, dando como resultado el precio medio ponderado.

(300 x 0,50 + 300 x 0,75 + 300 x 0,45) / 900 = 510/900 = 0,56 €

Por tanto, el PMP de esta mercancía es de 0,56 €.

- -

TAREA 10

La valoración de los productos y elaboraciones del restaurante-bar Galera no está ofreciendo la rentabilidad esperada, con lo que en ocasiones no se cubren los costos asociados al proceso.

Dado que la metodología de trabajo es la correcta, se estima cambiar los métodos utilizados en torno a la valoración dada a las existencias según su salida del almacén. Hasta ahora se aplica el denominado método FIFO.

¿Qué consecuencias puede estar teniendo esta decisión? ¿Es posible aplicar otro método de valoración?

Justifica tu respuesta.

- -

12. Resumen

La metodología aplicada en la organización del almacén debe permitir tanto una localización efectiva del producto como su correcta valoración, rotación y conservación. En dicha gestión son muchos los ítems que tener presentes, pudiendo destacar, entre otros, el relacionado con la gestión de inventarios, la correcta clasificación del *stock* o los métodos de valoración designados.

En cuanto a la clasificación de *stock,* existen distintas tipologías. Así, por ejemplo, en torno a su función, se diferencia entre:

- *Stock* de alerta
- *Stock* estacional
- *Stock* inactivo
- *Stock* en tránsito
- *Stock* especulativo

No obstante, no es la única clasificación que hay, sino que también es posible diferenciar según la **organización operativa** y la **clase de *stock:***

Organización operativa	Clase de stock
- *Stock* de seguridad - *Stock* máximo - *Stock* óptimo	- *Stock* cero - *Stock* neto - *Stock* de ciclo

En función de la rotación de *stock,* se diferencia entre productos de alta rotación y productos de baja rotación. Su cálculo se obtiene con la siguiente formulación:

> Tasa de rotación =
> Valor referencias vendidas / Valor promedio de existencias

Por su lado, los elementos integrantes de la composición de *stock* diferencian entre:

- Materias primas
- Productos semiterminados

➲ Productos elaborados
➲ Equipos
➲ Mobiliario
➲ Productos especiales
➲ Materiales diversos
➲ Mermas/residuos

Es importante recordar que existen distintos métodos de análisis en la valoración del *stock,* siendo un ejemplo el método de valoración ABC, y también distintos tipos de flujos, diferenciando entre flujo simple, medio y completo.

Finalmente, recuerda que la valoración de salidas de existencias del almacén puede realizarse según los siguientes métodos:

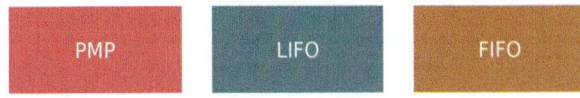

PMP   LIFO   FIFO

Ejercicios de autoevaluación
Unidad de Aprendizaje 3

1. Indica si las siguientes afirmaciones son verdaderas o falsas.

    a. En el inventario se expondrá la relación de bienes disponibles, clasificados por familias y lugar de ocupación.

        ■ Verdadero
        ■ Falso

    b. El inventario debe permitir una relación detallada y valorada de existencias.

        ■ Verdadero
        ■ Falso

2. La elaboración del inventario...

    a. ... se llevará a cabo los cinco primeros días de cada trimestre.
    b. ... se debe llevar a cabo en los momentos de menor actividad.
    c. ... se llevará a cabo a diario, según normativa.
    d. ... se realiza cada vez que se haga una reposición de mercancías.

3. ¿Qué permite establecer el denominado *stock* de alerta?

    a. Establece un umbral superior al de seguridad, dando a conocer el momento en el que se debe reponer.
    b. Evita superar el denominado nivel de *stock* inactivo.
    c. Inactiva el *stock* estacional.
    d. Identifica aquellos productos adquiridos de forma masiva.

4. Identifica qué aspectos se deben tener presentes en el cálculo del *stock* de seguridad:

    a. Plazos de entrega máximos.
    b. Número de ventas.
    c. Plazos de entrega medios.
    d. Todas las opciones son correctas.

5. Indica si las siguientes afirmaciones son verdaderas o falsas.

a. Los productos de baja rotación minimizan los costes de almacenamiento.

- ■ Verdadero
- ■ Falso

b. Las características de la oferta del restaurante-bar hacen que un alto porcentaje de productos tengan una baja o muy baja rotación.

- ■ Verdadero
- ■ Falso

6. El *stock* cero se relaciona con...

a. ... aquellos productos de consumo diario que, siendo recibidos a diario, no necesitan de una gestión de almacenamiento.
b. ... la rotura de *stock* causada por la falta de reposición de un producto.
c. ... la gama de productos que tienen un precio más bajo.
d. ... los productos que no requieren ser documentados de cara a la gestión del establecimiento.

7. El *stock* neto se identifica con...

a. ... las unidades vendidas junto con las almacenadas.
b. ... el número de ventas.
c. ... las unidades almacenadas menos las pendientes de salida.
d. Todas las opciones son correctas.

8. Un correcto control de los costes de *stock* implica:

a. Reducción de roturas del *stock*.
b. Reducción del nivel de *stock*.
c. Mejora en los procesos de gestión.
d. Todas las opciones son correctas.

9. Según el método analítico de valoración ABC...

    a. ... los productos catalogados en el grupo A no requieren atención.

    b. ... los productos del grupo B representan aquellos que tienen un coste alto e importancia secundaria.

    c. ... los productos del grupo C son aquellos de menor importancia.

    d. Todas las opciones son correctas.

10. Según el método de valoración de salidas LIFO...

    a. ... el valor de salida de las existencias es el precio de las últimas que entraron.

    b. ... el valor de entrada de la mercancía debe ser el mismo que el valor de salida.

    c. ... el valor de los productos de almacén es el precio de las primeras unidades físicas que entraron.

    d. ... los productos de almacén tendrán un valor medio en cuanto a su volumen del almacén.

Realización de operaciones sencillas de economato y bodega en el restaurante-bar

Contenido

Objetivos

El objetivo general de esta Unidad de Aprendizaje es:

→ Analizar la operatividad del economato y bodega en el restaurante-bar.

Los objetivos específicos de esta Unidad de Aprendizaje son:

→ Identificar la documentación relacionada con la actividad del economato y bodega del restaurante-bar.

→ Definir los parámetros básicos asociados a las necesidades de conservación de los productos en el economato y la bodega.

→ Reconocer las características y singularidades de las bodegas y almacenes.

1. Introducción

La gestión del almacén y en su conjunto de todo establecimiento de restaurante-bar requiere de un sistema documental preciso y representativo que, además de seguridad, garantice su viabilidad.

El almacenamiento debe contemplar tanto los procesos de recepción y almacenamiento como las necesidades asociadas a la conservación de dichos productos. Así, los controles de almacén estarán basados en la utilización de un circuito documental adecuado con controles establecidos, pudiendo hacer uso, entre otros, de avances informáticos desarrollados para ello.

Según estas premisas, y para ofrecer una mayor practicidad al estudio de las operaciones sencillas de economato y bodega en el restaurante-bar, expondremos los casos acontecidos en el restaurante-bar Galera.

2. Solicitud y recepción de géneros culinarios y bebidas: métodos sencillos, documentación y aplicaciones. Personal que interviene en la elaboración de pedidos. Factores a tener en cuenta. Trabajo con los distribuidores

☞ **HILO CONDUCTOR**

Detalladas las características de las instalaciones y procesos de almacenamiento del restaurante-bar Galera, es importante dotar al establecimiento de un sistema de registro adecuado. Erik será el responsable de llevar a cabo dicho proceso generando tanto los protocolos de gestión como el diseño del registro documental pertinente.

El proceso relacionado con el aprovisionamiento de todo restaurante-bar necesita de un preciso registro documental que, además de facilitar dicha gestión, garantice la viabilidad y trazabilidad del proceso.

Los medios documentales a utilizar, así como el diseño y protocolo que aplicar son elementos que pueden variar considerablemente tanto en formatos como en modelos. No obstante, el personal que interviene tiene que conocer la buena marcha del proceso, y actuar consecuentemente, asegurando una gestión correcta en la que el proveedor también es parte fundamental que hay que tener presente.

El proveedor debe ser consciente de su implicación en el proceso de gestión del establecimiento. (© Fotografía: Tricky_Shark / Shutterstock.com)

2.1. Personal que interviene en la elaboración de pedidos

Los integrantes del economato y bodega del restaurante-bar formarán parte directa del equipo de gestión, siendo dependientes del volumen de gestión, organización del establecimiento y política de compras.

Basándonos en la descripción de un economato-bodega completo, es posible diferenciar al menos al jefe de economato y mozo de economato, así como al responsable de compras, al administrador y al sumiller, este último, imprescindible para marcar la estrategia de compra de las bebidas. Al mismo tiempo, el personal de servicio, y en concreto los responsables de cada uno de los departamentos en los que se divida la gestión del restaurante-bar (bar, cafetería, cocina, sala...), también requieren una consideración, ya que serán los que generen la solicitud de los pedidos.

NOTA

También es posible diferenciar la figura del barista, en cuanto a los procesos de compras, que es el responsable de la gestión del café.

Grupo o equipo de trabajo

En el economato y bodega es fundamental la organización, a fin de dirigir, coordinar y distribuir el trabajo entre las personas determinando a su vez las relaciones entre ellas y fijando sus responsabilidades, lo que permite cumplir con los objetivos previstos de forma eficaz.

En la organización del economato-bodega, al igual que ante cualquier organización, es fundamental diferenciar entre grupo de trabajo y equipo de trabajo, siendo sus peculiaridades las siguientes:

Grupo de trabajo
- Sus integrantes trabajan de forma independiente. En ocasiones, incluso sin un objetivo común.
- Sus integrantes tienen un compromiso individual, sin dependencia de una planificación común. Buscan un objetivo personal.
- Sus integrantes desarrollan un trabajo similar, no siendo complementarios entre ellos.
- Sus integrantes no muestran confianza entre ellos, mostrándose cautos a la hora de expresar lo que piensan.
- Sus integrantes pueden o no respetar la opinión de los demás miembros del grupo.
- Sus integrantes pueden ver como amenaza la diferencia de opiniones, no existiendo un protocolo para dar solución.
- No todos los integrantes participan de las decisiones tomadas.

Continúa en página siguiente >>

<< Viene de página anterior

> **Equipo de trabajo**
> - Sus integrantes trabajan de forma coordinada, con objetivos comunes.
> - Sus integrantes se sienten comprometidos con el grupo, buscando un objetivo grupal.
> - Sus integrantes colaboran entre ellos, centrándose en una parte concreta del proceso.
> - Sus integrantes muestran una confianza total con el resto, motivando la participación entre ellos.
> - Sus integrantes son respetuosos entre ellos, respetando y valorando cualquier opinión.
> - Sus integrantes ven cómo una opinión diferente puede convertirse en una oportunidad y, a su vez, los problemas son resueltos de forma constructiva y en pro del grupo.
> - Sus integrantes respetan la decisión tomada por el grupo o bien la facilitada por el líder.

Según estos principios, está claro que el economato-bodega debe estar formado por un equipo de trabajo, garantizando un objetivo común, con metodologías de trabajo y actuaciones en espacio-tiempo determinadas.

Funciones del personal de economato y bodega

Los integrantes del economato-bodega del restaurante-bar mostrarán una estructuración acorde con el tamaño de la empresa y el volumen de gestión, diferenciando además un triple campo de actuación:

- **Operativo:** recepciona, almacena, manipula y expide los productos.
- **Documental:** verifica y archiva los documentos.
- **Comercial:** abarca aspectos relacionados con la atención al cliente y/o proveedores.

Estos campos de actuación se reflejan en los procesos de compras, producción y logística, y entre sus miembros es posible determinar las siguientes funciones:

- **Jefe o responsable de almacén:** dirige, coordina y supervisa todas las tareas de los operarios del almacén, siendo el máximo responsable del buen funcionamiento.
- **Jefe o responsable de recepción:** dirige, controla y supervisa las entradas de mercancía hasta su ubicación definitiva.
- **Responsable de gestión (ubicación y movimiento):** define las zonas de almacenamiento garantizando la integridad del producto, así como el cumplimiento de la normativa de seguridad en materia de traslado de mercancías.

- **Personal administrativo:** lleva a cabo las tareas administrativas requeridas para la correcta gestión del economato-bodega.
- **Personal de mantenimiento:** desempeña las operaciones de mantenimiento de las instalaciones.
- **Jefe o responsable de almacenamiento:** establece la ubicación de las mercancías contribuyendo al ordenamiento del almacén.
- **Jefe o responsable de expedición:** dirige las operaciones de salida de mercancías del almacén. Se responsabiliza de la manipulación y gestión de la mercancía, así como del registro documental, facilitando la actualización de existencias.
- **Encargado de almacén:** es el encargado de dirigir al personal de categoría inferior, garantizando que se cumplen con las indicaciones del jefe de almacén. Es el responsable de llevar a cabo el inventariado, así como de anotar cualquier irregularidad en el etiquetado, ubicación o preparación de pedidos.
- **Operarios de almacén:** representado por los repartidores, reponedores, mozos y carretilleros. Posibilitan el desarrollo de la actividad física del departamento (carga y descarga de mercancía, clasificación, recuento...).

Ejemplo de organigrama

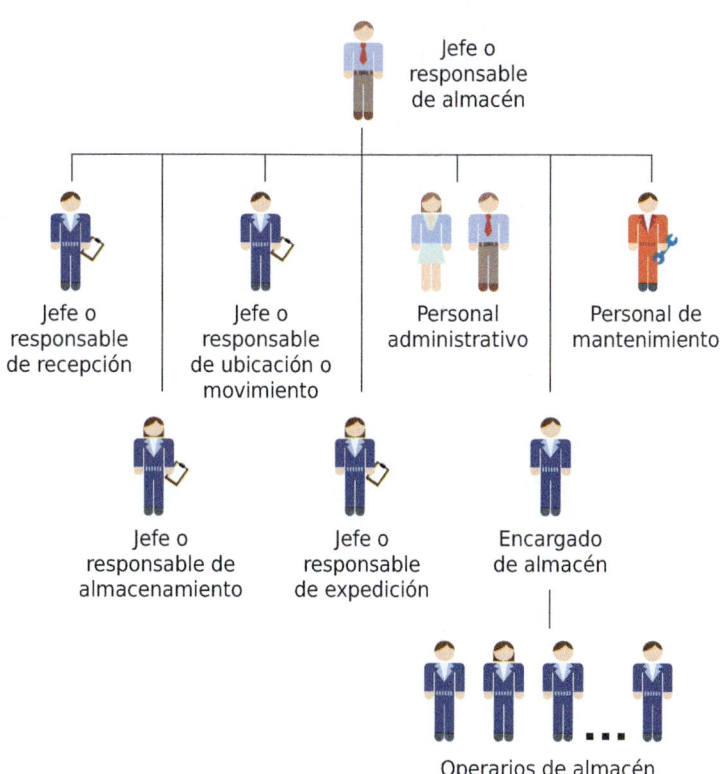

Jefe o responsable de almacén

Jefe o responsable de recepción

Jefe o responsable de ubicación o movimiento

Personal administrativo

Personal de mantenimiento

Jefe o responsable de almacenamiento

Jefe o responsable de expedición

Encargado de almacén

Operarios de almacén

 **RECUERDA**

La envergadura del establecimiento, así como el volumen de movimientos hacen posible que muchas de las actuaciones descritas recaigan sobre la misma persona, por lo que la profesionalidad y la formación son fundamentales.

2.2. Factores que hay que tener en cuenta

En todo proceso relacionado con la solicitud y recepción de géneros culinarios y bebidas, se debe perseguir tanto la rentabilidad del proceso como el aseguramiento de calidad de los productos. Hay dos factores que hay que tener en cuenta:

- **Rentabilidad del proceso:** la adquisición de los productos debe contemplar tanto su precio actual como los vaivenes del mercado, optando a posibles promociones, exclusividad de ventas o incluso ayudas para el desarrollo de la actividad.
- **Aseguramiento de la calidad:** dado que el proveedor forma parte activa del desarrollo de la actividad, debe permitir el aseguramiento de la calidad tanto en su servicio como en el producto. Para ello, es fundamental respetar el convenio acordado, así como el cumplimiento de la normativa vigente.

 IMPORTANTE

Acogerse a estrategias de venta de las grandes distribuidoras es un factor determinante que tener presente, pudiéndose integrar en la programación de jornadas, eventos, etc.

2.3. Trabajo con los distribuidores

La actividad del economato-bodega requiere mantener contacto con distribuidores de forma asidua, por lo que se requiere de una buena habilidad para negociar y obtener cooperación. Al mismo tiempo, ten presente que, en muchos casos, el único contacto que se tiene con los distribuidores es por medio del personal de economato-bodega, de modo que la información que nos aporta no debe dar lugar a interpretación.

Para facilitar dicho trabajo es preciso mantener una buena relación entre distribuidores y personal de economato-bodega, con lo que el desarrollo de las siguientes habilidades básicas de comunicación es fundamental:

Asertividad
- Habilidad consistente en manifestar un pensamiento neutral. Es una manera de opinar de una forma neutral. Representa un punto intermedio entre la agresividad y la pasividad.
- La asertividad es fundamental para evitar confusiones y posibles conflictos.
- Una persona asertiva actúa con naturalidad, de forma directa y objetiva, y escucha atentamente.

Empatía
- Habilidad consistente en ponerse en el lugar de los demás. Esto motiva la interacción con el resto, lo que hace que sea una habilidad muy valorada en los procesos de negociación.

Escucha activa
- Habilidad utilizada para relacionarse con operadores externos permitiendo obtener una información valiosa sobre nuestros interlocutores. Se capta así el mensaje que nos quieren transmitir de forma clara y completa.

Un buen distribuidor, además de ofrecer un servicio adecuado, facilitará información sobre nuevos producto o servicios, lo que contribuirá con el desarrollo propio de nuestra actividad.

El trabajo con el distribuidor debe ser constante, dándonos a conocer las características y/o ventajas de un servicio o producto, así como motivar la sinergia, siendo el resultado más significativo la creación de una cultura de trabajo en la que prime el valor de la colaboración.

Es necesario que los logros de los objetivos a cumplir sean aceptados por todas las partes, existiendo una complejidad al respecto que se traduzca en ventajas, tanto para la empresa distribuidora como para la distribuida, posibilitando en general obtener mejores resultados que los que se podrían alcanzar de forma individual.

3. Almacenamiento: métodos sencillos y aplicaciones. Recepción de mercancías. Almacenaje y control de evolución de los géneros. Condiciones de conservación de los productos

☞ HILO CONDUCTOR

Durante la recepción de las mercancías del restaurante-bar Galera, se lleva a cabo una supervisión exhaustiva tanto del medio de transporte utilizado como de las temperaturas de su habitáculo, no admitiéndose los productos que no cumplan con estas premisas. Del mismo modo, los protocolos de actuación posteriores a la recepción también son fundamentales, estimándose una desviación de temperatura de +/– 3 °C en los productos refrigerados y los congelados.

La gestión en el almacenamiento de los géneros o mercancías debe responder a las necesidades del producto, así como a los principios impuestos por normativa. Dicha gestión, a su vez, debe estar protocolizada y cumplir con los programas, planes o sistemas de análisis diseñados.

Los sistemas de análisis como el APPCC, las GPCH y los registros de trazabilidad se desarrollan para dar cabida a procesos específicos, fomentando a su vez el compromiso de todos los integrantes.

3.1. Recepción de mercancías

La recepción de mercancías es el proceso mediante el cual se reciben productos procedentes de fábricas u otros almacenes. Este proceso se relaciona con la transferencia de la propiedad de la mercancía entre el productor y el cliente y, por otro lado, la finalización del contrato de transporte, asegurando la conformidad cualitativa y cuantitativa de la mercancía que entra en el almacén.

NOTA

El control durante la etapa de recepción permite garantizar la conformidad de la mercancía antes de su incorporación al almacén y, por tanto, al *stock.*

En la etapa de recepción de mercancías, es importante tener presentes los siguientes perfiles, teniendo cada uno de ellos una función principal:

- **Departamento de recepción:** representado por el jefe del departamento de economato-bodega y el proveedor, normalmente el transportista.
- **Transportista:** presente en el momento de carga y descarga. Será el responsable de las posibles roturas producidas durante el transporte y registrará cualquier tipo de incidencia asociada a la carga y descarga.
- **Proveedor:** debe asegurar la calidad y cantidad de productos solicitados y entregados, generando además el registro documental requerido.
- **Departamento de compras:** suele ser el encargado del control de las especificaciones y cualidades del producto en relación a las características en la compra.

Proceso de recepción

El proceso de recepción de mercancía se divide de forma general en cinco etapas:

1. **Disposición del muelle de descarga:** se indicará en qué lugar se debe llevar a cabo el proceso de descarga, asegurando su disposición, orden y limpieza.
2. **Verificación de documentos:** se verificará la documentación del transportista, comprobando que se trata del pedido correcto, así como la fecha de entrega o cualquier dato de interés en torno a la seguridad e integridad del producto.
3. **Descarga de la mercancía:** el transportista facilitará la apertura del medio de transporte, a fin de llevar a cabo una verificación de la temperatura y estado del habitáculo en el que se transporta.
4. **Control cualitativo y cuantitativo:** se relaciona en primer momento con el control visual de la mercancía, teniendo presente:

   a. Estado de los embalajes, detectando pequeños desperfectos o roturas en el producto.
   b. Identificación de los productos en el albarán de pedido.

c. Comprobación de unidades solicitadas, pudiendo presentar:

- ⇕ Ninguna anomalía. Se firmará y sellará la nota de entrega, albarán o documentos facilitados por el proveedor dando conformidad al pedido.
- ⇕ Alguna anomalía. Se describe la anomalía en el albarán o documentos facilitados por el proveedor y lo firma el responsable de recepción y el transportista.
- ⇕ Rechazo de la mercancía.

5. **Recepción informática:** se llevará a cabo un registro documental de la nueva mercancía entrando a formar parte del *stock* de la empresa e iniciando el procedimiento de pago.

La planificación es fundamental en el proceso de recepción pues permite el aseguramiento de la calidad del servicio y también contribuye a su efectividad, lo que requiere:

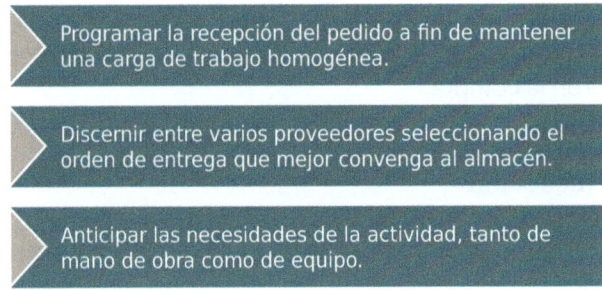

Programar la recepción del pedido a fin de mantener una carga de trabajo homogénea.

Discernir entre varios proveedores seleccionando el orden de entrega que mejor convenga al almacén.

Anticipar las necesidades de la actividad, tanto de mano de obra como de equipo.

3.2. Almacenaje y control de evolución de los géneros

Recepcionados los géneros, es necesario proceder a su colocación y ubicación en el almacén. Los géneros pasan a ser existencias y su almacenado cumplirá con las normas y procedimientos establecidos en función de sus características organolépticas y necesidades de uso.

Para ello, es necesario identificar la mercancía e incluir un registro que minimice el proceso, permitiendo identificar precios, embalajes, tipo de unidad de carga, necesidades de conservación..., lo que minimizará los costes totales.

IMPORTANTE

Hay productos con necesidades especiales en torno a su manejo y conservación, lo que requiere de un protocolo específico que será dado a conocer por el proveedor.

Para el almacenaje y control de los géneros se procederá a codificar cada uno, estableciéndose medidas identificativas con los siguientes datos:

- Fecha de recepción
- Cantidad
- Unidad de medida
- Fecha de expiración
- Localización

A su vez, existen otros principios que pueden ser parámetros que tener presentes en la clasificación:

- Volumen
- Peso
- Forma
- Fragilidad
- Cantidad
- Flujo de pedidos
- Capacidad de apilado

NOTA

El proceso de almacenamiento debe perseguir optimizar el tiempo y espacio de almacenado. Además, se ha de cumplir con la organización establecida y utilizar el equipo adecuado, respetando a su vez las normas de seguridad e higiene.

3.3. Condiciones de conservación de los productos

Todo producto recepcionado y almacenado requiere de una correcta conservación hasta el momento de su utilización.

El almacenamiento de los géneros, especialmente los productos alimentarios, necesita un lugar en el que estos no sufran daños y que su deterioro sea el mínimo posible.

Una primera clasificación al respecto diferencia entre:

Almacenamiento común o en seco	Almacenamiento en frío

Almacenamiento común o en seco

Son espacios secos y limpios en los que los alimentos a almacenar son de naturaleza no perecedera. El lugar de almacenado debe contar con unas condiciones perfectas de limpieza, así como de una temperatura en torno a los 20-25 °C. En caso de usar un sistema de almacenado basado en el uso de estanterías, estas deberán estar fabricadas en materiales autorizados. Su disposición facilitará la limpieza y orden de las zonas, así como una correcta clasificación.

El estado del envase también es un aspecto que debe considerarse, ya que los envases bien formados y sin roturas evitan la aparición de plagas y la contaminación del producto.

Almacenamiento en frío

Compuesto por equipos frigoríficos y de congelación que permiten la conservación de los productos perecederos.

La temperatura y tiempos de almacenado se determinan según las características establecidas. Para la refrigeración se estima un rango de temperatura de entre 0 y 8 °C y para la congelación, de –25 a –18 °C.

De forma específica y detallada, y dependiendo de los requerimientos impuestos por normativa, la temperatura específica diferencia los siguientes rangos:

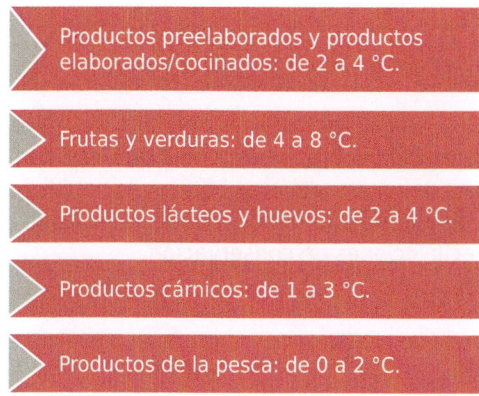

Productos preelaborados y productos elaborados/cocinados: de 2 a 4 °C.

Frutas y verduras: de 4 a 8 °C.

Productos lácteos y huevos: de 2 a 4 °C.

Productos cárnicos: de 1 a 3 °C.

Productos de la pesca: de 0 a 2 °C.

IMPORTANTE

A su vez, hay productos que requieren de un almacenamiento especial, destacando:

- Carne picada y casquería: de 1 a 3 °C con un tiempo de consumo inferior a 24 h.
- Carnes maduradas: temperatura inferior a 3 °C, siendo lo habitual a 1 °C.

En cuanto al tiempo de almacenado, dependerá de las características y propiedades del producto, así como de la metodología empleada en el proceso (tipo de envasado, tratamiento térmico aplicado...).

En el caso de las bebidas, se debe contemplar sus necesidades específicas de conservación (posicionamiento y temperatura), siendo peculiares para los vinos y cavas/champanes.

NOTA

La humedad es otra de las constantes que tener presentes en el proceso de conservación de los alimentos. Así, durante los procesos de refrigeración, en productos frescos (carnes, pescados, frutas y verduras...) se debe perseguir una humedad relativa de entre el 90 y el 95 %.

ACTIVIDAD COMPLEMENTARIA

4. Busca información sobre los aspectos que hay que tener presentes en las necesidades de conservación en bodega de bebidas como el vino o los cavas, así como de alguna otra bebida que se identifique como singular respecto a sus especificaciones de conservación.

 ## APLICACIÓN PRÁCTICA

Analizando los datos siguientes, determina cuál o cuáles de los parámetros deben ser reestablecidos.

Las mermas asociadas a los productos almacenados en el restaurante-bar Galera son altas, por lo que te planteas la revisión de las temperaturas y procesos llevados a cabo, obteniendo la siguiente información:

a. **El almacén general presenta una temperatura ambiente hasta 25 °C.**
b. **En la misma zona de refrigeración hay productos cárnicos crudos y cocinados.**
c. **El almacenamiento del pescado se está llevando a cabo a 4 °C.**
d. **La carne picada y casquería están conservadas a una temperatura de 2 °C y con fecha y hora que indica no más de 4 horas desde su almacenado.**
e. **Las frutas y verduras se almacenan junto con los productos ya elaborados a una temperatura de 3 °C.**

Solución

El rango de temperatura y tiempo de almacenado solo es correcto en el caso de la temperatura ambiente del almacén común y la carne picada y casquería. El resto de productos deben ser recolocados. La temperatura establecida en cada uno de los procesos descritos también es errónea. Recuerda, por ejemplo, que las frutas y verduras deben conservarse en un rango de temperaturas comprendido entre los 4 y 8 °C, por ejemplo.

 **TAREA 11**

Con el fin de propiciar el correcto almacenamiento de los géneros en el restaurante-bar Galera, te piden que lleves a cabo una relación de las necesidades de conservación de los productos, diferenciando por familias, así como por necesidades de conservación.

Indica dicha información para poder desarrollar de forma efectiva la organización del establecimiento.

Justifica tu respuesta.

4. Controles de almacén. Circuito documental. *Software.* Control de inventarios

☞ HILO CONDUCTOR

Observando la ficha de almacén, vemos cómo algunos de los productos requeridos en el día a día en el restaurante-bar Galera requieren ser repuestos, por lo que se genera un documento de pedido, que servirá como comprobante a la hora de hacer entrega de la mercancía por parte del proveedor que, a su vez, mostrará su correspondiente albarán, nota de entrega o factura, según se tenga estipulado en el contrato previo.

Llevar a cabo el control y gestión de un almacén no es tarea fácil, lo que hace necesario desarrollar un amplio circuito documental, así como un *software* específico y aplicar una metodología específica propia de la actividad que se va a desarrollar.

Los controles de almacén persiguen la gestión de las entradas y salidas y el control de *stock*. Al mismo tiempo, es imprescindible contemplar las necesidades de mantenimiento de existencias, requiriéndose en conjunto un exhaustivo circuito documental.

Determinar el nivel de *stock* de los productos almacenados, saber la frecuencia de pedidos y la cantidad solicitada, entre otros datos, es fundamental para la planificación y estructuración del almacén, posibilitando la correcta custodia y protección de los denominados bienes de activo fijos o variables de la empresa, pues recuerda que los productos almacenados son, al fin y al cabo, variables a contabilizar administrativamente.

Un correcto control de almacén debe regular el flujo de mercancías según dos conceptos básicos, que son: la disponibilidad y la demanda. Esto exige generar un circuito documental veraz y eficaz, pudiendo estar basado en la implantación y uso de *software* específico y en el registro de inventarios, lo que hace necesario profundizar en cada uno de estos conceptos.

4.1. Circuito documental

El circuito documental asociado a la gestión del almacén está formado por las fichas de almacén y los registros de información, codificación y trazabilidad, siendo requerido para ello generar la siguiente documentación:

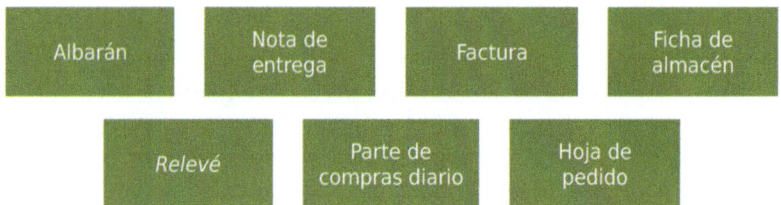

Albarán

Documento en el que se plasma la mercancía que sale del almacén del proveedor y entra en el almacén del comprador.

En el albarán se detallan los productos solicitados, así como la información requerida en torno a datos de proveedor, condiciones de entrega, calidades, etc., y cualquier información facilitada en el documento de pedido.

La gestión de este documento requiere generar tres copias: una para cliente, otra para el vendedor y una tercera para el departamento de facturación del vendedor.

La aceptación de la mercancía requiere de la firma del cliente.

ALBARÁN N.º _____
FECHA _____

DATOS DE LA EMPRESA VENDEDORA   DATOS DEL CLIENTE

Datos para la entrega de la mercancía

Entregar en:

N.º de pedido _____
Portes _____
Bulto _____
Medio de transporte _____

Código	Descripción	Cantidad	Precio	Dto.	Importe

Base IVA		% IVA		Importe IVA		Total €	

Observaciones	Firma y nombre del cliente

Ejemplo de modelo de albarán

Nota de entrega

Documento similar al albarán (en algunos casos puede ser su sustituto) generado previamente a la emisión de una factura.

Para que tenga validez, este documento deberá describir los siguientes elementos:

- Lugar y fecha de emisión.
- Número identificativo (normalmente coincidente con el número de factura).
- Datos identificativos del comprador y vendedor.
- Fecha y lugar de entrega.
- Firma y sello del receptor de la mercancía.
- Identificación de los productos vendidos, cantidad y cuantía.
- Valor monetario de la operación expresado en moneda de curso legal.

DATOS DE LA EMPRESA	**NOTA DE ENTREGA N.º:** _____
	FECHA: _____
	DATOS CLIENTE

Código	Descripción	Cantidad	Precio	Importe

Observaciones:	Firma y nombre del cliente:

Ejemplo de modelo de nota de entrega

Factura

Se trata del documento legal expedido por el vendedor en el que se detallan las condiciones del pedido. Se reconoce como medio legal para las operaciones comerciales entre empresas.

Su emisión es obligatoria siempre que se produzca una entrega de bienes o prestaciones de servicios, incluidas las operaciones sujetas y no sujetas o exentas del impuesto sobre el valor añadido.

Según la normativa vigente, toda factura deberá contener:

- **Número y, en su caso, serie:** se trata de un número identificativo que, además de agilizar los procesos de control, manifiesta una correlación dentro de cada serie.
- **Fecha:** es necesario indicar la fecha de su expedición.
- **Razón o denominación social completa, nombre y apellidos:** se identificará tanto al obligado a expedir la factura como al destinarario de las operaciones.
- **Número de identificación fiscal:** se trata del número oficial facilitado por el Estado y ligado a un domicilio social, permitiendo su rastreo y autenticidad.
- **Domicilio:** tanto del obligado a expedir la factura como del destinatario de las operaciones.
- **Descripción de las operaciones:** producto, cantidad...
- **Tipo impositivo:** variará según el producto y finalidad, diferenciando entre el IVA general, el IVA reducido y el IVA superreducido.
- **Cuota tributaria:** es el resultado de aplicar el tipo del impuesto a la base imponible.

Bodegas FI
Valencia 46016
España

FACTURA

Saldo adeudado
€264,96

Fecha de la factura: 17 jun 2024
Términos: Neto 15
Fecha de vencimiento: 02 jul 2024
N.º de orden de compra: SO-000001

Facturar a
María del Rosario Barba Pinto

#	Artículo & descripción	Cant.	Precio	Dto.	Importe
1	**Tinto reserva - *Pack.*** Este *pack* incluye una caja de seis botellas de 70 cl.	1,00	85,50	0,00	85,50
2	**Vino blanco - *Pack.*** Este *pack* incluye una caja de seis botellas de 70 cl.	1,00	53,12	5,00 %	50,46
3	***Pack* garrafa DULCE** *Pack* de 4 garrafas de vino dulce de 5 l.	1,00	73,10	0,00	73,10

Subtotal: 209,06
IVA (21 %): 43,90
Cargos de envío: 12,00
Total: €264,96

Saldo adeudado   €264,96

Ejemplo de factura cumplimentada

Ficha de almacén

Documento empleado para controlar el movimiento de las mercancías, así como el número de existencias.

Permite registrar la entrada y salida de mercancías, dando a conocer en todo momento el número de existencias que se posee. Su actualización es constante, siendo motivada por actuaciones como:

- Adquisición de mercancía.
- Devolución de mercancía.
- Salida de mercancía por solicitud de pedido.

Nombre empresa									
FICHA DE ENTRADA DE ALMACÉN									
Fecha	Motivo				Transporte	Código	Cantidad	Descripción	Precio
	Recepción		Devolución						
	Empresa	Pedido	Empresa	Pedido					

Ejemplo de ficha de entrada de almacén

Relevé

Documento de control en el que se formaliza el estado de los géneros a fin de conocer las existencias y las cantidades que es necesario pedir.

La gestión de este documento es anexa al almacén, pero de suma importancia para la gestión de todo restaurante-bar, dando a conocer las necesidades de pedido o reposición por consumo.

Su ejecución parte del inventario inicial, se añaden las entradas y se resta el *stock* final, ofreciendo el consumo del día.

DEPARTAMENTO DE COCINA														
Fecha	Comprar artículo	Economato				Salidas								Total
		Existencias anteriores		Entradas nuevas		Restaurante		Cafetería		Banquetes		Cocina		
		Cant.	Ud.	Cant.	Ud.	Cant.	Ud.	Cant.	Ud.	Cant.	Ud.	Cant.	Ud.	

Ejemplo de relevé

Reporte o parte de compras diario

Documento interno en el que se anotan a diario todas las compras llevadas a cabo. En la columna de compras directas, se incluirá el importe de los alimentos que tienen consumo inmediato, y en la columna dedicada a economato y bodega, se reflejarán las compras destinadas a estos departamentos. Los artículos de limpieza y mantenimiento se especificarán en la columna denominada "Varios".

Este informe permite saber cuál es el coste de compra de cada departamento. En caso de devolución, este debe deducirse del total, quedando registrado de forma específica.

Hoja de pedido

Documento utilizado por cualquier departamento para efectuar un pedido al almacén o economato y bodega, dando respuesta a las necesidades de consumo. Este documento debe remitirse al departamento de compras, siendo allí donde se realiza el pedido.

HOJA DE PEDIDO					
Fecha:					
De:			**A:**		
Artículo	Cantidad	Unidad	Cantidad	Unidad	Total

Ejemplo de plantilla de hoja de pedido

4.2. Software

Por definición, el *software* de un almacén está formado por todos aquellos programas que permiten el registro y la gestión del almacén. Se trata de un soporte lógico.

Pese a que, generalmente, la gestión del almacén de un restaurante-bar es básica, conocer las posibilidades de *software* es importante, ya que facilitará su gestión y control en cuanto a procesos básicos como registro de entradas y salidas, inventariado, costes...

La importancia generada en el control de almacén es tal que existe un *software* específico para dicha gestión, permitiendo controlar de forma eficaz la relación de la empresa con los proveedores, facilitando datos sobre la calidad de sus materiales, la fiabilidad y tiempos de entrega, etc.

A su vez, los procesos de inventariado, localización y gestión del almacén se ven complementados con herramientas como los lectores de códigos o incluso localizadores que, junto con la correcta generación de *software*, facilitan la gestión. No obstante, ten presente que la configuración del *software* requiere del uso de un *hardware*, otra de las herramientas de gestión necesarias.

 RECUERDA

Son ejemplos de *software* específico para la gestión del almacén las herramientas:

- SGA
- ERP

 ACTIVIDAD COMPLEMENTARIA

5. Busca información sobre *software* específico para la gestión de un almacén, detallando sus peculiaridades, así como su viabilidad de implantación en la gestión específica del restaurante-bar.

Implantación del *software* de gestión

Implantar un *software* de gestión de almacén requiere de forma previa un análisis basado en el estudio de las siguientes premisas:

- **Instalación del sistema:** se debe contar con el *hardware* mínimo para poder instalar el *software* requerido.
- **Análisis de la empresa:** el desarrollo del *software* debe estar basado en las necesidades de gestión de la empresa y, por tanto, es necesario conocer los procesos realizados, las áreas en las que se divide y que se requiere gestionar...
- **Configuración del sistema informático:** conociendo las premisas de implantación y necesidades a controlar se adecúa la aplicación informática pertinente.
- **Formación de los usuarios:** el uso del *software* requiere de formación específica para garantizar su viabilidad, buen uso y máximo aprovechamiento de los recursos de que dispone.
- **Registro de datos:** se deberá actualizar el *software* con los datos actuales de la empresa para comenzar con la gestión. Así, por ejemplo, será necesario indicar las existencias actuales de almacén, los datos de proveedores, niveles de *stock,* periodicidad de suministro...
- **Diseño de formatos o fichas:** el registro documental debe adaptarse a las nuevas necesidades (documentos de pedidos, albaranes, facturas, fichas de almacén...), garantizando su viabilidad y uso.
- **Prueba de gestión:** se requiere de una puesta a punto de la herramienta que se va a utilizar, lo que hace necesario establecer un periodo de prueba.

Funciones y utilidades del *software* de gestión

El *software* de gestión perseguirá unos objetivos específicos de uso, como son:

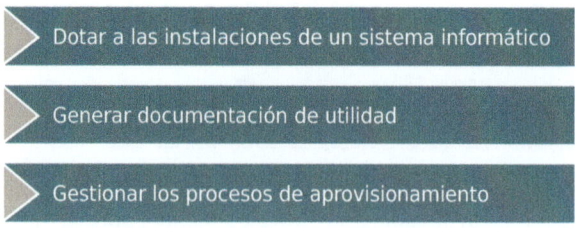

Dotar a las instalaciones de un sistema informático

Generar documentación de utilidad

Gestionar los procesos de aprovisionamiento

El cumplimiento de estos principios supone la aplicación de una gestión que incorpore las siguientes tareas:

- **Mantenimiento de tablas:** se aportarán todos los datos necesarios para poder hacer frente a las distintas operaciones.
- **Mantenimiento y actualización de datos:** se revisarán y actualizarán tantos datos como sean necesarios en la gestión del aprovisionamiento.
- **Control de *stock* y entradas y salidas:** detallando las acciones relacionadas con la actividad desarrollada.
- **Actualización de contratos:** se incluirán las especificaciones de los contratos generados con cada uno de los proveedores o cualquier otro medio requerido en el aprovisionamiento.
- **Programa de contabilidad:** se relacionará el *software* específico de almacenamiento con el desarrollado para contabilidad, aunando esfuerzos en la gestión general del establecimiento.
- **Mantenimiento de existencias:** se tendrá un registro de artículos y materias primas existentes a través del ordenador, siendo el inventario la herramienta más significativa.

 TAREA 12

La implantación de un *software* nuevo para la gestión del economato y la bodega del restaurante-bar Galera requiere del diseño de un sistema documental que lo haga posible.

Determina qué tipo de documentación se deberá generar, así como cuáles deben ser sus características.

Justifica tu respuesta.

4.3. Control de inventarios

Los datos facilitados por el inventario son de suma importancia en relación a la gestión general del establecimiento, por ello es necesario establecer un sistema de control que asegure el control del proceso en torno a los siguientes principios:

- ⮞ **Mantener un registro actualizado de existencias:** informará del nivel de existencias para realizar los pedidos.
- ⮞ **Elaboración de informes:** facilitará la elaboración de informes para la dirección y los responsables de los inventarios.
- ⮞ **Notificación de situaciones anormales:** permite la notificación de situaciones que pueden constituir síntomas de errores o de un mal funcionamiento del sistema.

Gracias a este control es posible conocer las denominadas ratios, que ofrecen información sobre la rotación de inventarios, siendo el número de veces que se renueva el inventario en el almacén.

Rotación de inventarios = Ventas netas / Inventario promedio

Este dato facilita a su vez el cálculo del plazo de promedio de inventarios, siendo la fórmula a aplicar la siguiente:

Plazo promedio de inventarios = 360 / Rotación de inventarios

Aspectos a tener presentes en la realización del inventario

La realización del inventario tiene que facilitar el control de existencias físicas y contables, dar a conocer la situación de las mercancías, definir las necesidades de espacio de las instalaciones y facilitar la localización de materiales obsoletos y deteriorados. Esto supone que en la realización del dicho proceso (inventariado) sea necesaria la existencia de pautas que garanticen su correcta ejecución, ofreciendo veracidad en sus datos. Estas pautas ya han sido presentadas a lo largo de la unidad anterior, viéndose ahora complementadas con la presentación de los errores de gestión más significativos, que deberán evitarse en favor de la buena gestión del proceso:

- ⮞ **Recepción de mercancía errónea:** este error deriva de la disonancia entre el flujo físico y el flujo de la información, creándose un *stock* erróneo que distorsionará cualquier registro relacionado con la actividad llevada a cabo.
- ⮞ **Aplicación de precios:** la determinación de los precios de los productos debe ser veraz; de lo contrario, los procesos de registro y ventas no

facilitan los cálculos adecuados. Se debe asegurar la integridad en los precios en todo momento, asegurando que son coincidentes en todos los casos.

⊃ **Realización de inventariado:** es necesario registrar cada uno de los elementos a inventariar contemplando altas y bajas de productos. Ten presente que los productos almacenados pueden sufrir deterioros, mermas o incluso la necesidad de devolución, debiendo quedar todo registrado.

⊃ **Discrepancias:** se ha de asegurar que las unidades recepcionadas y gestionadas son las disponibles, por lo que el recuento debe ser justificado y veraz. A su vez, la identificación de los productos también debe tenerse en cuenta utilizando las unidades de medida establecidas, así como la identificación adecuada.

5. Resumen

La gestión de todo almacén requiere de la implantación de una metodología correcta de actuación, teniendo una especial importancia el personal implicado, que deberá contemplar un triple campo de actuación: operativo, documental y comercial.

Los distribuidores son otro de los pilares fundamentales en la gestión del economato y la bodega, por lo que se debe contemplar un trabajo constante que haga cumplir con los objetivos marcados. Para ello, es fundamental el desarrollo de las siguientes habilidades: asertividad, empatía y escucha activa.

Los procesos u operaciones llevados a cabo en el economato y la bodega permiten diferenciar entre los procesos de recepción y almacenaje. En ellos el control que hay que establecer debe contemplar la evolución de los géneros y el control de las condiciones de conservación, siendo significativo:

Evolución de los géneros	Condiciones de conservación
- Fecha de recepción - Cantidad - Unidad de medida - Fecha de expiración - Localización - Clasificación	- Almacenamiento en seco o común - Almacenamiento en frío

En torno a las operaciones sencillas de economato y bodega, es necesaria la implantación de un circuito documental que facilite el registro de información, así como la codificación y trazabilidad de todo elemento almacenado. Dicha documentación diferencia entre:

- ⮑ Albarán
- ⮑ Nota de entrega
- ⮑ Factura
- ⮑ Ficha de almacén
- ⮑ *Relevé*
- ⮑ Parte de compras diario
- ⮑ Hoja de pedido

Finalmente, ten presente las herramientas desarrolladas para la aplicación de esta gestión. Así, existe *software* específico que permite tanto agilizar el proceso como minimizar los errores relacionados con el control de inventario o la determinación de *stock*.

Ejercicios de autoevaluación
Unidad de Aprendizaje 4

1. Indica si las siguientes afirmaciones son verdaderas o falsas.

    a. Los proveedores no infieren en la gestión del economato-bodega.

- Verdadero
- Falso

    b. En la organización del economato-bodega, es fundamental diferenciar entre grupo de trabajo y equipo de trabajo.

- Verdadero
- Falso

2. El denominado personal operativo se relaciona con...

    a. ... las actividades de verificación y archivo de documentos.
    b. ... las operaciones de recepción, almacenamiento o manipulación de los productos.
    c. ... los procesos relativos a la atención al cliente.
    d. Todas las opciones son incorrectas.

3. En la etapa de recepción de mercancías, el proveedor...

    a. ... debe asegurar la calidad y cantidad de productos solicitados y entregados, generando además el registro documental requerido.
    b. ... debe estar presente en el momento de la recepción de la mercancía.
    c. ... será el responsable de especificar las características de la compra.
    d. Todas las opciones son incorrectas.

4. En el proceso de recepción de la mercancía, se firmará y sellará la nota de entrega, albarán o documentos facilitados por el proveedor en caso de...

    a. ... rechazar la mercancía.

    b. ... aceptar la conformidad del pedido, no habiendo ninguna anomalía.

    c. ... confirmar la llegada del producto, sea posteriormente aceptado o no.

    d. Todas las opciones son incorrectas.

5. El rango de temperatura indicado para el almacén común o en seco es:

    a. De 25 a 35 °C.

    b. De 20 a 25 °C.

    c. De 10 a 15 °C.

    d. De 0 a 10 °C.

6. Indica cuál o cuáles de las siguientes medidas identificativas son válidas en el control de los géneros para su correcto almacenamiento:

    a. Fecha de recepción.

    b. Cantidad y unidad de medida.

    c. Fecha de expiración y localización.

    d. Todas las opciones son correctas.

7. Identifica cuál o cuáles de los siguientes parámetros deben ser descritos en la denominada "nota de entrega":

    a. Lugar y fecha de emisión.

    b. Lugar y fecha de entrega.

    c. Identificación de los productos vendidos, cantidad y cuantía.

    d. Todas las opciones son correctas.

8. El *relevé* muestra información sobre...

    a. ... las entradas y salidas del almacén, ofreciendo el consumo del día.

    b. ... la oscilación de precios de un producto en un tiempo determinado.

c. ... las características de conservación de un producto.
d. ... las necesidades de *stock* de un producto.

9. **En torno al *software* de gestión de economato-bodega, se marcan como objetivos específicos de uso...**

a. ... dotar a las instalaciones de un sistema informático.
b. ... generar documentación de utilidad.
c. ... gestionar los procesos de aprovisionamiento.
d. Todas las opciones son correctas.

10. **La rotación de inventarios es el resultado de:**

a. La suma del inventario promedio y las ventas netas.
b. La división de las ventas netas entre el inventario promedio.
c. La multiplicación de costes del inventario promedio.
d. La división entre el número de días y las ventas netas producidas.

Utilización de materias primas culinarias y géneros de uso común en el bar

Contenido

Objetivos

El objetivo general de esta Unidad de Aprendizaje es:

→ Diferenciar las distintas materias primas culinarias y géneros de uso común en el restaurante-bar, sus necesidades de regeneración y conservación.

Los objetivos específicos de esta Unidad de Aprendizaje son:

→ Identificar las características y cualidades básicas de las distintas materias primas.

→ Reconocer los procesos de regeneración y conservación asociados a los productos culinarios.

→ Definir, clasificar y tipificar las bebidas alcohólicas y no alcohólicas.

→ Diferenciar entre las gamas de comercialización de productos alimentarios.

1. Introducción

La oferta de alimentos y bebidas en los establecimientos de restaurante-bar es extensa y variada, dependiente a su vez de la modalidad de servicio, época del año, filosofía u opción gastronómica seleccionada.

Conocer las características de las materias primas culinarias y géneros de uso común en el bar facilita la elección de aquellos que son más adecuados en función de nuestras necesidades y oferta, contribuyendo a la buena marcha y gestión del establecimiento. Por ello, a continuación se profundizará sobre aquellos productos de uso común, describiéndolos por familia, lo que permite diferenciar entre los destilados, las bebidas alcohólicas, el vino o los helados, entre otros aspectos.

La exposición del producto en el mercado también atiende a distintos tratamientos y técnicas, aspecto relevante para su regeneración o conservación, siendo este otro de los aspectos sometidos a estudio.

Según estas premisas, y para ofrecer una mayor practicidad al estudio, expondremos los casos acontecidos en el restaurante-bar Galera.

2. Clasificación: variedades más importantes, caracterización cualidades y aplicaciones básicas. Destilados. Bebidas no alcohólicas. El vino. Helados y semifríos. Salsas

☞ **HILO CONDUCTOR**

De entre la oferta de bebidas del restaurante-bar Galera, destaca su amplia gama de destilados. Cuentan con una oferta nacional e internacional de ginebras, *whiskies,* rones, así como *brandies* y anises. La demanda de cócteles, así como el consumo de bebidas no alcohólicas, es menor; aun así, también existe una amplia gama de este tipo de productos en su oferta.

La gama de bebidas ofertadas en un establecimiento marcará significativamente su calidad y características, y, por ello, es de suma importancia considerar y reconocer dicha gama de productos.

La clasificación de las bebidas puede llevarse a cabo según distintos criterios, como pueden ser los relacionados con su contenido en alcohol, su contenido en gas o cuál ha sido el ingrediente base utilizado para su obtención.

La gama de productos del bar determinará la calidad de la oferta, así como tipología de servicio y clientes. (© Fotografía: cdrin / Shutterstock.com)

Al mismo tiempo, es importante destacar que en la oferta del bar también es común el servicio de productos como los helados, semifríos y salsas, todos ellos expuestos a continuación.

2.1. Destilados

Los destilados son bebidas hidroalcohólicas aromatizadas obtenidas a partir de la destilación de vegetales naturales susceptibles de ser transformados en alcohol o productos como el vino, de naturaleza alcohólica.

Los destilados se obtienen a partir de la transformación de los azúcares en alcohol a través de un proceso de fermentación, siendo posible diferenciar distintas fórmulas, como:

Destilación al vacío	Destilación continua	Destilación por vapor	Destilación simple

De entre los destilados, en la oferta del bar se identifican como más comunes el *whisky,* el ron, la ginebra, el vodka, el coñac y el *brandy* y el tequila.

Whiskies

Se trata de una bebida obtenida a través de la destilación de un mosto de cereales, con o sin otras enzimas naturales, fermentado por la acción de la levadura y destilado a menos de 94,8 % vol., obteniéndose un producto con aroma y sabor procedentes de las materias primas utilizadas. Su envejecimiento se llevará a cabo durante al menos tres años en barricas de madera con capacidad máxima de 700 litros.

Aunque la cuna u origen del *whisky* se atribuye a irlandeses y escoceses, en la actualidad, también se elaboran grandes *whiskies* en Canadá, Japón, España y Estados Unidos.

Gama de distintos tipos de whisky (© Fotografía: monticello / Shutterstock.com)

Clasificación y tipos

La procedencia y tratamientos dados al *whisky* en los procesos para su obtención permiten hacer una clasificación clara. Así, a continuación, se darán a conocer las procedencias más significativas en una primera clasificación para, después, profundizar en cada uno de los tipos, atendiendo a ingredientes, métodos de elaboración, etc.

Whisky escocés

Se obtiene por la destilación del mosto de cereales que posteriormente ha sufrido una maduración en barricas de roble con un mínimo de tres años. Las principales zonas de producción son:

- **Highlands:** es la zona de producción más extensa con unas 60 destilerías. En general ofrece maltas robustas y aromáticas. La extensión de esta zona hace posible diferenciar entre las siguientes subregiones:

  - **Northern Highlands.** *Whiskies* complejos y de gran personalidad, algunos con carácter ahumado o con cierta influencia marina.
  - **Eastern Highlands.** Aunque con toque ahumado, se trata de *whiskies* con un característico toque afrutado.
  - **Southeren o Central Highlands.** Ofrece *whiskies* suaves y ligeros, con notas vegetales y final seco.
  - **Western Highlands.** Se identifica con maltas especiadas y en ocasiones con notas ahumadas.

- **Lowlands:** los *whiskies* de esta zona se identifican por su melosidad y ligereza asociada al agua utilizada para su elaboración.
- **Isla Islay:** produce *whiskies* de maltas con aroma a mar y humo. No obstante, las distintas destilerías ubicadas en esta zona (isla) hacen posible obtener distintos matices (turba, tierra, mar, algas, humo, aromas herbales y florales...).
- **Campbeltown:** se relaciona con *whiskies* robustos y de marcado carácter, presentando notas a turba y final ligeramente salado.

Además de por la zona de producción, la tradición y peculiaridad del *whisky* escocés hacen posible diferenciar tres tipos de *whiskies* en base a sus componentes, pudiendo encontrar:

⊃ **Whisky de malta:** considerado el mejor *whisky* del mundo, se elabora con 100 % de cebada malteada. Su proceso requiere del malteado, fermentación y destilación final, obteniéndose un aguardiente rebajado a 50° con agua destilada. Se envejece en barricas de roble americano en las que se haya tenido anteriormente jerez o *bourbon.* Con un envejecimiento mínimo de 3 años. En su clasificación es posible diferenciar, a su vez, entre:

◍ *Single malt:* elaborado con cebada malteada de una sola destilería.
◍ *Pure malt:* elaborado con cebada malteada de distintas destilerías.

⊃ **Whisky de grano:** se elabora con cebada, maíz y avena. Se mezcla con un 15 % de cebada malteada y agua consiguiendo que el almidón se convierta en maltosa.
Una vez destilado, se obtiene un *whisky* duro, que se rebaja hasta los 65°. Su envejecimiento debe ser de 4 años. Esta variedad es utilizada para obtener los denominados como *blended,* no siendo habitual su comercialización por sí sola.

⊃ **Whisky blended:** es un *whisky* elaborado con la mezcla de *whisky* de grano y *whisky* de malta. Se trata de *whiskies* elegantes, finos y con carácter.
Los *whiskies* escoceses de esta categoría envejecen las maltas por separado, siendo finalmente mezcladas según su evolución.
Es posible diferenciar dos tipos de *whiskies blended:*

◍ *Blended scotch whisky. Whiskies* con un mínimo de 3 años de envejecimiento.
◍ *Blended de luxe. Whiskies* con un envejecimiento de 10 a 20 años. Elaborados con una mezcla de al menos un 60 % de malta.

Whisky irlandés

Se utiliza la cebada como elemento base para su elaboración. Al mismo tiempo, se diferencia por no utilizar la turba en el proceso de secado y por requerir una triple destilación en su elaboración.

Esta normalmente requiere de la mezcla de cebada malteada y sin maltear. No obstante, también es posible mezclar cebada malteada con otros cereales, siempre que la proporción de cebada malteada en ambas mezclas sea de entre el 25 y el 50 %.

 **NOTA**

Existen productores irlandeses que comercializan *whiskies* elaborados al 100 % con cebada malteada. Son los denominados *irish malt whiskies.*

Whisky español

El *whisky* español tiene en su elaboración los mismos condicionantes que el *whisky* europeo, no existiendo una normativa específica a nivel nacional.

Según la normativa europea actual, el *whisky* producido en España es el caldo obtenido de cereales malteados, con presencia o no de granos enteros de cereales no malteados. La destilación debe efectuarse a menos del 94,6 % del volumen, y su envejecimiento mínimo debe ser de tres años. El proceso de envejecimiento se realizará en toneles de madera con capacidad inferior a 700 litros. A este producto solo es posible añadirle agua o caramelo natural como colorante. Es posible el uso del aditivo E150a para ajustar el color.

No se le puede añadir alcohol y el contenido mínimo embotellado será del 40 %.

Se podrá denominar *single malt* en aquellos casos en los que se elabore de forma exclusiva con cebada malteada en una única destilería.

Whisky americano

Tiene como ingrediente principal el maíz, en un porcentaje mínimo del 51 %. Otros ingredientes utilizados en su elaboración pueden ser el trigo, el centeno o la cebada malteada. La destilación de estos caldos se lleva a cabo en alambiques de columna y *pot still.* Como tiempo de almacenamiento mínimo se indica dos años, en barricas de roble nuevas y tostadas.

Su localización y proceder característico hace posible diferenciar, a su vez, los siguientes tipos:

⮕ **Corn whisky:** elaborado con un porcentaje mínimo de maíz del 80 %. No tiene asociado un envejecimiento obligatorio, aunque puede someterse a envejecimiento en barricas quemadas o sin quemar. Es un *whisky* basto y su composición permite diferenciar a su vez entre:

  ◗ *Straight corn.* No tiene mezcla.
  ◗ *Blended straight.* Mezcla de *straight.*
  ◗ *Blended corn.* Mezcla de *whisky* con alcohol neutro.

➲ *Tennessee whisky:* elaborado en el estado de Tennessee, es similar a los *bourbon,* aunque con características distintivas como son:

  ◗ El *Tennessee whisky* tiene un mayor porcentaje de maíz.
  ◗ El agua utilizada es de calidad diferente.
  ◗ Su fermentación siempre se lleva a cabo haciendo uso de *sour mash.*

➲ *Rye whisky:* elaborado con un porcentaje mínimo de centeno del 51 %, tiene 80° después de su destilación. Envejecido en toneles nuevos quemados durante un mínimo de dos años.
Suelen ser más pesados que el *bourbon.* Este tipo de *whisky* posibilita a su vez los siguientes tipos:

  ◗ *Straight rye.* No tiene mezcla en su elaboración y además está envejecido durante dos años como mínimo.
  ◗ *Blended straight rye.* Elaborado con la mezcla de varios *rye.*
  ◗ *Blended rye.* Obtenido con la mezcla de *rye* y alcohol neutro.

➲ *Bourbon whisky:* originario de Kentucky, su elaboración debe partir de la utilización mínima del 51 % de maíz, y es añejado en barriles de roble blanco americano tostados. Aunque con un tiempo mínimo de dos años de envejecimiento, este tipo de *whisky* suele permanecer de cuatro a ocho años.
Para su fermentación se utiliza *sweet mash,* y su destilación se realiza a menos de 80 % y en barril 62,5 % como máximo.
Es posible el uso de *sour mash* en combinación con la ya citada *sweet mash* en búsqueda de equilibrio.

 **DEFINICIÓN**

Sour mash
Mezcla de levaduras de una destilación anterior junto a la adición de levaduras nuevas, para realizar otra fermentación con cereales.

Sweet mash
Adición de levaduras nuevas para la realización de una fermentación.

Otros whiskies

Además de los *whiskies* descritos, el interés por esta bebida hace que se hayan desarrollado con especial importancia otras zonas de producción, ofreciendo *whiskies* con características singulares. De entre los más significativos, es importante destacar los siguientes:

Whisky canadiense
- Elaborado con mezcla de cereales. Se trata de *whiskies* tipo *blended*, con la peculiaridad de que cada cereal se destila a un grado diferente.
- El proceso de destilación se realiza en alambiques continuos y se aplica un envejecimiento mínimo de dos años. Presentan un cuerpo ligero.

Whisky japonés
- Elaborado con procesos similares a los del *whisky* escoces. Es significativo el uso de barricas para su envejecimiento, realizadas con roble americano, europeo o japonés. El clima hace que estos *whiskies* maduren más rápido que los irlandeses y escoceses, mostrando un mayor carácter de madera.

Whisky indio
- Tradicionalmente, el *whisky* indio se asociaba a caldos elaborados al 90 % con base de melaza, por lo que su comercialización en Europa no permitía esta denominación. En la actualidad, también se elaboran *whiskies* a partir de grano y malta, cada vez más comúnmente, obteniéndose productos de gran calidad.
- Algunos de ellos se caracterizan por envejecimiento llevado a cabo bajo condiciones climáticas extremas, que les hace tener una volatilidad muy elevada.

Ron

Se trata del aguardiente elaborado a partir de la destilación del líquido fermentado del jugo de la caña de azúcar prensada, de las melazas de la caña de azúcar, del jarabe concentrado de la caña de azúcar o de la mezcla de dos de estos productos citados.

La calidad del ron se asocia a la materia prima utilizada; además, los rones elaborados a partir del jarabe concentrado de azúcar son de mayor calidad que los elaborados a partir de melaza.

Clasificación

En el proceso llevado a cabo para la obtención del ron se diferencian dos tipos de rones:

- **Ron agrícola:** se elabora a través de una doble destilación a partir del jugo de la caña de azúcar. Su fermentación tiene una duración de entre 36 y 48 h, no obstante, este tiempo es relativo, ya que existen procesos con tiempos cortos (unas 12 h), dando lugar a un ron ligero. En el proceso es posible añadir *dunder,* el residuo de una anterior destilación, lo que le transmite fuerza y sabor a la elaboración final. Esto suele hacerse en procesos de fermentación lentos de hasta 12 días.
  El proceso de envejecimiento se lleva a cabo en barricas de roble americano, que aportan un color dorado y caoba.
- **Ron industrial:** se elabora a partir de las melazas de la caña de azúcar y tiene una destilación continua que dura entre 12 y 24 h. Para rebajar su grado alcohólico se utiliza agua destilada.
  Estos rones no envejecen, y para obtener su color dorado se utiliza caramelo.

Otra posible clasificación del ron atiende al tratamiento al que ha sido sometido, diferenciando entre:

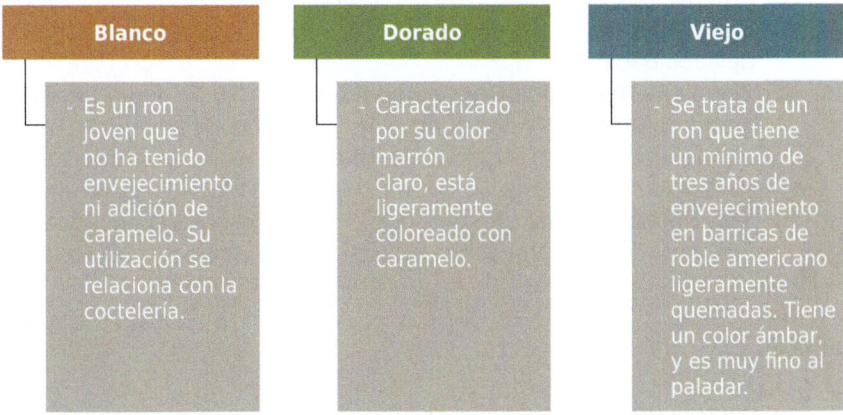

Blanco	Dorado	Viejo
- Es un ron joven que no ha tenido envejecimiento ni adición de caramelo. Su utilización se relaciona con la coctelería.	- Caracterizado por su color marrón claro, está ligeramente coloreado con caramelo.	- Se trata de un ron que tiene un mínimo de tres años de envejecimiento en barricas de roble americano ligeramente quemadas. Tiene un color ámbar, y es muy fino al paladar.

A su vez, la procedencia del ron también genera distintos tipos, con marcados estilos y formas de elaboración, obteniéndose matices diferentes. Es preciso destacar los siguientes:

- **Ron de Cuba:** es uno de los principales países productores de ron, siendo marcas de reconocido renombre: Habana Club, Santiago de Cuba, Legendario...
- **Ron de España:** zonas como Motril o las islas Canarias son las protagonistas. Es muy conocido el denominado ron miel, y el ron Arehucas es uno de los más conocidos.
- **Ron de Guatemala:** se elabora a partir de miel virgen y envejece en barricas de roble que anteriormente han tenido vino de Jerez. Destaca, entre otros, el ron Zacapa.
- **Ron de Haití:** destaca por la alta calidad de ron producido; una de las marcas más conocidas es Barbancourt.
- **Ron de Barbados:** son rones envejecidos en barricas de *bourbon,* imprimiendo unas características singulares. La marca más conocida se denomina Mountgay.
- **Ron de Jamaica:** se relaciona con rones muy cremosos y de gran consistencia debido a sus lentas fermentaciones. Las marcas más conocidas son: Capitán Morgan, Myers y Lamb's.
- **Ron de Martinica:** son rones muy fuertes en sabor y aromas. Le agregan caramelo líquido para darle un toque singular. Una de las marcas más conocidas es Saint James.
- **Ron de Nicaragua:** se relaciona con rones de muy buena calidad. Además, es un país exportador de melazas y alcoholes base para la elaboración de ron. La marca más conocida es el ron Flor de Caña.
- **Ron de Puerto Rico:** son rones ligeros de cuerpo, suaves y secos. Es el mayor productor de ron del mundo y entre las marcas más conocidas destaca Bacardi.
- **Ron de la República Dominicana:** produce rones de gran calidad, elegantes, aromáticos y con cuerpo muy definido. Se envejecen en barricas de roble americano. Algunas de las marcas más conocidas son: Brugal, Barceló o Matusalem.
- **Ron de Venezuela:** ofrece rones viejos y dorados de calidad, secos e intensos. Entre las marcas a destacar están Pampero y Cacique.

Ginebra

Se trata de uno de los destilados más extendidos en cuanto a producción, aunque sus orígenes se asocian a Inglaterra y Holanda. Es el aguardiente obtenido de la destilación y rectificación de un mosto de cereales (cebada, maíz, centeno), aromatizada con enebro y otras plantas como el cilantro, el comino, el coriandro... Tiene una graduación alcohólica de entre 35 y 45°.

Clasificación

La ginebra se clasifica según su elaboración en dos tipos:

> **Genever holandesa**
> - Se elabora a partir de cebada malteada, siendo las bayas de enebro y el coriandro los elementos aromatizantes más significativos, aunque no se descartan otras hierbas.
> - Este tipo de ginebra es más fuerte y conserva parte de sus aromas y sabor a cereales, pudiendo ser sometida a envejecimiento en barricas de roble, lo que le transmite un color pálido.

> **London *Dry Gin***
> - Ginebra elaborada en Londres, se caracteriza por ser muy seca, elegante y de gran calidad. Se elabora a partir de alcohol neutro obtenido por destilación continua en columna de alto grado de un mosto de cereales.
> - La rectificación y aromatización de esta bebida diferencia dos procesos:
>   - Destilación de alcohol neutro y plantas aromáticas sin mezclar, rectificándose al final.
>   - Maceración de plantas aromáticas en alcohol neutro, rectificándose finalmente con agua blanda.

Además, las características propias de estos procesos concretos hacen posible encontrar los siguientes tipos:

- **Sloe Gin:** ginebra de origen inglés, macerada con bayas de endrino y otras frutas. Es sometida a envejecimiento.
- **Old Tom Gin:** ginebra londinense muy dulce.
- **Steinhäger Walcholder:** ginebra alemana característica por ser sometida a destilación junto con bayas de enebro triturado.
- **Plymouth Gin:** ginebra inglesa suave, densa y aromática.
- **Ginebra menorquina:** ginebra española elaborada en la isla de Menorca a base de alcohol vínico. Aromatizada principalmente con enebro.
- **Corenwyn:** ginebra holandesa elaborada a partir de mosto de centeno, maíz y cebada en la misma cantidad.

Vodka

Su origen se asocia a Polonia, teniendo una gran expansión durante la Segunda Guerra Mundial.

Se trata de un aguardiente incoloro, neutro e insípido, elaborado a partir de la fermentación, destilación y rectificación de cereales (centeno, trigo, cebada, maíz...). En ocasiones también se utilizan tubérculos, como la patata, para su elaboración.

Tras su destilación es filtrada varias veces a través de carbón vegetal (obtenido de maderas de manzano y abedul, principalmente).

Este producto suele ser aromatizado con hierbas, especies o frutas, y es sometido a envejecimiento. Su graduación máxima es de 40°.

Clasificación

Rusia y Polonia son los principales productores de vodkas, lo que permite hacer una clasificación al respecto. Así, se diferencian las siguientes marcas:

- **Polonia:** se elaboran a partir de centeno y patata. Entre las marcas más reconocidas, destacan las siguientes:

  - **Zubrowka o vodka del bisonte.** Se caracteriza por que en el interior de la botella se encuentra una brizna de hierba zubra que le da color.
  - **Tarnowa.** Elaborado a partir de grano y macerado con ciruela.
  - **Luksusowa.** Se obtiene de la patata y es el vodka de lujo en el país.
  - **Wyborowa.** Hecho a partir de grano, es otro de los más consumidos.

- **Rusia:** los vodkas rusos se elaboran con diferentes mezclas de cereales, pudiendo destacar como marcas más conocidas las siguientes:

  - **Russkaya.** Es el más fino y cotizado. 40 °GL.
  - **Stolichnaya.** De grano, se le añade azúcar. 40 °GL.
  - **Moskosuskaya.** Es puro y neutro. Elaborado en Moscú. 40 °GL.
  - **Statka.** De grano y macerado con hierbas. 43 °GL.

NOTA

GL (grados Luzca) es la medida de alcohol contenida en volumen. Su cálculo atiende a la siguiente fórmula (volumen total × grados GL) / 100.

La expansión de esta bebida ha propiciado que su fabricación se traslade a otros países como Finlandia, Suecia, Estados Unidos, Hungría, España, Francia..., presentando productos con peculiaridades propias. A continuación se presentan algunos de los más característicos:

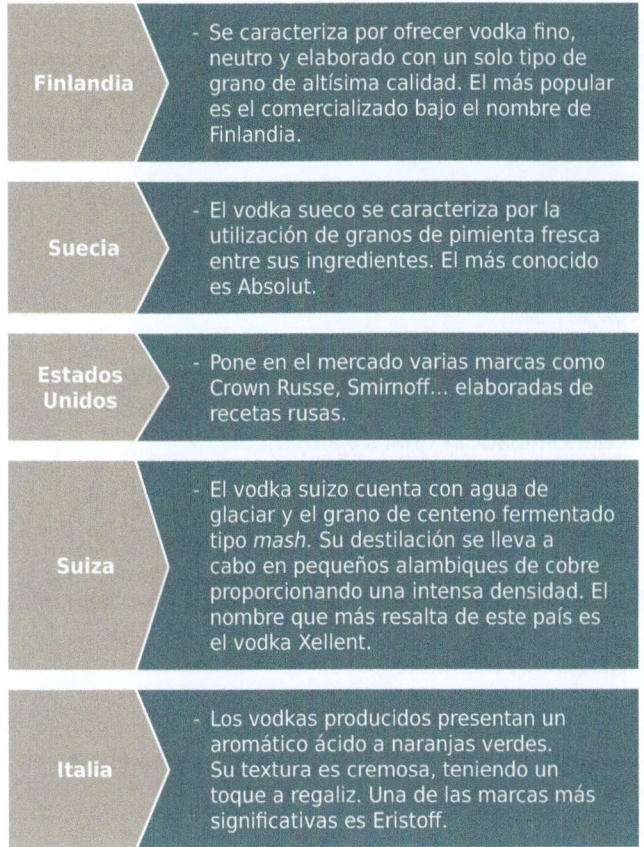

Finlandia
- Se caracteriza por ofrecer vodka fino, neutro y elaborado con un solo tipo de grano de altísima calidad. El más popular es el comercializado bajo el nombre de Finlandia.

Suecia
- El vodka sueco se caracteriza por la utilización de granos de pimienta fresca entre sus ingredientes. El más conocido es Absolut.

Estados Unidos
- Pone en el mercado varias marcas como Crown Russe, Smirnoff... elaboradas de recetas rusas.

Suiza
- El vodka suizo cuenta con agua de glaciar y el grano de centeno fermentado tipo *mash*. Su destilación se lleva a cabo en pequeños alambiques de cobre proporcionando una intensa densidad. El nombre que más resalta de este país es el vodka Xellent.

Italia
- Los vodkas producidos presentan un aromático ácido a naranjas verdes. Su textura es cremosa, teniendo un toque a regaliz. Una de las marcas más significativas es Eristoff.

Brandy

Es una bebida obtenida de la destilación, a menos de 94,8 °GL, de los mostos de uvas fermentados.

La calidad del *brandy* depende de los siguientes factores:

- ⟳ Composición del vino utilizado
- ⟳ Tipo de destilación
- ⟳ Envejecimiento

 **NOTA**

En función del tipo de destilación, es posible diferenciar entre:

- **Holandas.** Tienen un grado alcohólico inferior a 70 °GL.
- **Aguardientes de vino de media graduación.** Tienen un grado alcohólico de entre 70 y 80 °GL.
- **Aguardientes de vino de alta graduación.** Tienen un grado alcohólico de entre 80 y 94,8 °GL.

Clasificación

Dentro del territorio español se diferencian dos tipos de *brandy:* el *brandy* de Jerez y el *brandy* del Penedés. A su vez, fuera del territorio español, existen los denominados coñacs y armañacs.

Brandy de Jerez

Es el de mayor calidad y está amparado bajo una denominación de origen. Este aguardiente se elabora a partir de vinos blancos de 12 y 13° elaborados con uvas Aíren y Palomino.

La base del *brandy* de Jerez son holandas de entre 65 y 70 °GL, aunque también utilizan aguardientes de mayor graduación obtenidos en columnas de bajo y alto grado.

El envejecimiento del *brandy* de Jerez se realiza en barricas de roble americano con capacidad de 500 y 600 litros, diferenciando entre el envejecimiento estático y el dinámico.

Según su elaboración, distinguimos:

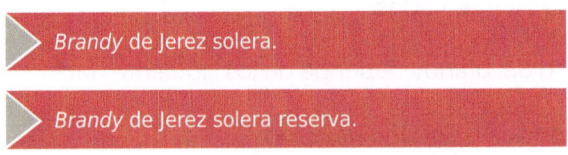

Brandy de Jerez solera.

Brandy de Jerez solera reserva.

Continúa en página siguiente >>

<< Viene de página anterior

> *Brandy* de Jerez solera gran reserva.

> *Brandy* de Jerez solera reserva categoría especial.

Brandy del Penedés

Se elabora a partir de vinos blancos ácidos y de baja graduación alcohólica, utilizándose las uvas macabeo, xarel-lo y parellada. Su destilación se lleva a cabo mediante el sistema discontinuo de doble destilación en alambiques de tipo *charentais.*

Para el envejecimiento se utilizan barricas de roble francés llamadas *limousin,* utilizándose a su vez el sistema de criadera y solera igual que en el *brandy* de Jerez.

Torres y Barceló son los principales elaboradores de *brandy* en el Penedés, con productos como el Torres 5, Miguel I o Fotenac.

Coñac

Se produce en la región de Charente y para ser comercializado bajo el término "coñac" debe reunir las siguientes características:

- Debe producirse a partir de vinos blancos de la variedad: ugni blanc, colombard y folle blanche.
- Destilado en la región de Charente.
- Destilar por el método *charentais* en alambique tradicional.
- Envejecimiento de 2 años en toneles de roble Troncais o Limousin de 300 litros.
- Tener una graduación inferior a 72° en su producción y mayor de 40° al acabar esta.

Según su localización geográfica, se diferencia entre las siguientes variedades: grande champagne, petit champagne, borderies, fins bois y bons bois, bois ordinariez y bois terroir, fine champagne.

IMPORTANTE

Atendiendo al periodo de envejecimiento, se pueden diferenciar:

Millesimes	**Tres estrellas**	**Coñac superior**	**V. S. O. P.** *(Very Superior Old Pale)*	**X. O. Napoleón** *(Extra Old)*
Coñac de excelente calidad de una sola cosecha	+ de 30 meses	+ de 3 años	+ de 4 años	+ de 5 años

---

Armañac

Producido en la región francesa de Armañac, se realiza a partir de las variedades de uvas folle blanche, colombard y ugni blanc con una graduación de entre 9 y 10 °GL.

Se destila en un solo paso y alambique compuesto por tres calderas.

Se diferencian tres tipos de armañac según su localización geográfica:

➲ _Bas armañac._
➲ _Ténareze._
➲ _Haut armañac._

También es posible una categorización por su envejecimiento y calidad, diferenciando entre:

Millesimes	**Tres estrellas**	**V. S. O. P.** *(Very Superior Old Pale)*	**X. O. Napoleón** *(Extra Old)*	**Hor's d'age Napoleón**
Armañac de excelente calidad de una sola cosecha. Hasta 40 años.	+ de 1 año	+ de 4 años	+ de 5 años	+ de 10 años

Otros

Además de los *brandies* presentados, es posible describir elaboraciones con cualidades y calidades afines, pero con resultados muy diversos. Algunos ejemplos se presentan a continuación:

- **Fines.** Se trata de *brandies* franceses fuera de la denominación de origen coñac y armañac.
- **Pisco.** Aguardiente de vino elaborado en Perú, Argentina, Chile y Bolivia. Se elabora con uva moscatel y no tiene envejecimiento. Ejemplos de este tipo de aguardiente son: Capel, Inca y Control.
- ***Brandy* italiano *(arzente).*** Se trata de *brandies* con similitudes a los franceses, destacando marcas como Vecchia Romagna.

NOTA

En la gama de bebidas alcohólicas también se diferencian productos como la cerveza, otra de las bebidas de gran aceptación y demanda, existiendo una amplia gama y posibles métodos de clasificación.

APLICACIÓN PRÁCTICA

Los destilados seleccionados para formar parte de la carta del restaurante-bar Galera gozan de un gran prestigio. Como responsable de dicha selección, indica cuál de los siguientes tipos de destilados podrían entrar a formar parte de tu bodega:

a. **Se ha seleccionado un *whisky* procedente de las Highlands, en concreto de la zona norte, por su complejidad, personalidad y carácter ahumado.**

b. **Se ha elegido un *whisky* de malta denominado *pure malt*, ya que la cebada malteada utilizada en su elaboración proviene de una sola destilería.**

c. **Se ha seleccionado un *whisky* tipo Tennessee por no presentar entre sus ingredientes el maíz.**

Continúa en página siguiente >>

<< Viene de página anterior

d. Todos los rones de la bodega son de tipo industrial, por su mayor calidad frente a los denominados agrícolas.

Solución

De los principios descritos, solo se considera correcto que los *whiskies* procedentes de las *Highlands*, y en concreto de la zona norte, son *whiskies* complejos, con gran personalidad y carácter ahumado. El resto de afirmaciones son erróneas. Por ejemplo, hay que tener presente que los *whiskies pure malt* son elaborados a partir de cebadas malteadas de distintas destilerías. Los *whiskies* tipo Tennessee tienen un alto porcentaje de maíz entre los ingredientes utilizados y, por último, el ron agrícola goza de especial prestigio frente al industrial, que se supone de menor calidad.

 ACTIVIDAD COMPLEMENTARIA

6. Busca información sobre los tipos, posibles clasificaciones, características, necesidades de conservación, especificidades de servicio y consumo de la cerveza.

2.2. Bebidas no alcohólicas

Las bebidas no alcohólicas pueden ser gasificadas y tener entre sus ingredientes jugos, leche, extractos naturales o artificiales, agua... y un 0,5 % en volumen máximo de alcohol.

Una primera clasificación de este grupo de bebidas es la siguiente:

- **Aguas tónicas:** bebida preparada a base de extractos y/o esencias de limón, pomelo u otras frutas cítricas o mezclas.
- *Ginger ale:* bebida preparada a base de extracto de jengibre soluble en agua.
- **Bebidas sin alcohol artificiales:** bebida preparada con esencias artificiales o una mezcla de estas, con extractos naturales, esencias naturales y compuestos químicos aislados de las mismas.

A su vez, las bebidas no alcohólicas pueden ser presentadas o agrupadas según su contenido en gas, diferenciando entre las gasificadas y no gasificadas.

- **No gasificadas:** se relaciona con las bebidas libres de anhídrido carbónico o gasificantes. Se trata de una familia de bebidas muy amplia, entre las que destacan el agua, el mosto, la leche, los zumos, las infusiones, el café y el chocolate.

  Cada una de estas bebidas tiene, a su vez, una clasificación más específica. Así, por ejemplo, las aguas pueden ser: de manantiales, minerales naturales, potables preparadas o minero-medicinales; los mostos pueden ser naturales, concentrados; la leche puede ser natural, pasteurizada, de vaca, de cabra, entera, desnatada, en polvo, condensada...

- **Gasificadas:** se trata de bebidas adicionadas de anhídrido carbónico o gas, de forma natural o no. Son algunos tipos los siguientes:

  - Agua con gas o gasificada, agua carbonatada o soda.
  - Gaseosa.
  - Refrescos.

2.3. El vino

El vino es una de las familias de bebidas con alcohol más extensa, por lo que es posible el desarrollo de distintas clasificaciones en torno a su presentación. Así, por ejemplo, podemos diferenciar los vinos según su color, edad, cantidad de azúcares y anhídrido carbónico.

Color
- Vino tinto
- Vino blanco
- Vino rosado

Edad
- Vinos sin crianza. Vinos del año. Cosecha
- Vinos crianza
- Vinos reserva
- Vinos gran reserva

Cantidad de azúcares
- Secos
- Abocados
- Semisecos
- Semidulces
- Dulces

Presencia de anhídrido carbónico
- Aguja
- Espumosos
- Gasificadas

IMPORTANTE

En el caso de los vinos espumosos, su clasificación por el contenido en azúcares diferencia entre:

- *Brut nature:* hasta 3 g/l.
- *Extrabrut:* hasta 6 g/l.
- *Brut:* hasta 15 g/l.
- Extraseco: entre 12 y 20 g/l.
- Seco: entre 17 y 35 g/l.
- Semiseco: entre 33 y 50 g/l.
- Dulce: más de 50 g/l.

APLICACIÓN PRÁCTICA

La oferta del restaurante-bar Galera exige contar con varias variedades de vino espumoso. En concreto, de dos tipos: uno con un alto grado de dulzor y otro en el que dicho grado sea muy bajo.

Como responsable de bodega, ¿qué designación de cava deberías seleccionar teniendo en cuenta la siguiente oferta?

Solución

En el caso de cavas con bajo contenido en azúcar, las opciones *brut nature* y *extrabrut* serían las acertadas. Como cava con alto nivel de azúcares, dado que no existe la opción del dulce, las opciones a contemplar serían el seco y el semiseco.

Además de la clasificación presentada sobre los distintos tipos de vinos, también cabe la posibilidad de realizar otras muchas distinciones. Destaca la que atiende a su método de elaboración; de esta forma, se diferencian vinos finos "bajo velo", vinos amontillados, vinos olorosos, mistelas, enverados, chacolís, fondillones y rancios.

Al mismo tiempo, no hay que olvidar que la localización, procedencia, amparo o regulación por los que se desarrolla o comercializa, etc., también forman parte de una posible categorización. De esta forma, y sin profundizar, dada la complejidad asociada a su desarrollo, es importante diferenciar entre:

- Vinos con D. O. Ca. (denominación de origen calificada)
- Vinos con D. O. (denominación de origen)
- Vinos V. P. (vinos de pago)
- Vinos con D. C. I. G. (vinos de calidad con indicación geográfica)
- Vinos VdT (vinos de la tierra)
- Vinos VdM (vinos de mesa)

2.4. Helados y semifríos

Otra de las familias presentes en el servicio del bar es la relacionada con los helados y semifríos, definiéndose estos como elaboraciones semiheladas en las que se combinan elementos como cremas, natas y jugos, con texturas ligeras y emulsionadas, bizcochos y pastas dulces, que requieren de un servicio a baja temperatura.

Se trata de elaboraciones complementarias al servicio principal de las bebidas, incluso en ocasiones estos elementos (helados) pueden formar parte de ellas como, por ejemplo, en el servicio del café, el denominado: café *affogato*.

Ejemplo de servicio de café affogato

Clasificación

Los ingredientes y técnicas de elaboración para el servicio de esta gama de productos permiten diferenciar, a su vez, los siguientes tipos:

- ➲ **Sorbetes:** se trata de una elaboración obtenida a partir de zumo o jugos de frutas, licores o infusiones, junto con almíbar, pudiendo además añadir claras montadas o merengues.

  Su servicio puede presentar pequeños cristales de hielo, prácticamente inapreciables. Normalmente son de naturaleza poco azucarada y ligeramente acidulados.

  Existe gran variedad atendiendo a sus ingredientes, así como a su contenido alcohólico.

  Es importante destacar que su elaboración no incluirá de forma principal ingredientes grasos.

Sorbete de mango

- ➲ **Granizados:** se trata de una bebida helada, caracterizada por la presencia de cristales de hielo, que le dan su forma y textura.

  Sus ingredientes principales son jugos de frutas, siropes y jarabes, café, licores...

Café granizado

● **Helados:** son elaboraciones heladas realizadas a partir de una crema inglesa, adicionada o no con ingredientes que la complementen como pueden ser chocolates, frutas confitadas, café, pralinés... Su textura es cremosa, suave y esponjosa. No presentará cristales.

Su presentación diferencia el uso de soportes comestibles como galletas, cucuruchos... o bien recipientes variados como terrinas.

Servicio helado tradicional

● **Semifríos:** como se ha definido de forma introductoria, los semifríos son elaboraciones con base helada, realizados a partir de cremas heladas, en combinación con bizcochos y pastas dulces.

Tradicionalmente, su servicio en el bar es muy representativo con la denominada "bomba helada", una elaboración con base de helado de vainilla, con un interior de miel y cubierta de chocolate.

Semifrío de chocolate

NOTA

Uno de los servicios tradicionales más significativos del restaurante-bar con base de helados tiene nombre propio: *banana Split.*

2.5. Salsas

El término "salsa" hace referencia a la composición o mezcla de varias sustancias comestibles desleídas, que se hace para aderezar o condimentar la comida. La amplitud de este término posibilita distintas clasificaciones, como puede ser la relacionada con la temperatura de servicio (salsas frías y salsas calientes) o su composición, donde es posible de forma tradicional diferenciar entre salsas básicas (salsa española, bechamel, *velouté,* de tomate, mayonesa y vinagreta) y las salsas derivadas (napolitana, boloñesa, *mornay,* nantua, holandesa, tártara...).

En torno a las bebidas, el término salsa se relaciona con el uso de aderezos líquidos, en los que son significativamente destacables los siropes, los aliños y las salsas con nombre propio, como son la salsa angostura y la salsa Worcestershire:

⮂ **Siropes:** se trata de un líquido espeso azucarado, obtenido a partir de zumos o jugos obtenidos de semillas y cereales, frutas, verduras...
Un ejemplo de este tipo de productos es:

　◑ Sirope de agave.
　◑ Sirope de arce.

Las propiedades de algunos productos como la miel, obtenida de la sabia de diferentes plantas, también hace posible su clasificación como sirope.

⟳ **Aliños:** definidos como condimentos, son aquellos productos utilizados para sazonar la comida y darle buen sabor. En el caso de las bebidas, los aliños son representados por jugos o concentrados de naturaleza normalmente líquida.

De entre los más significativos, es importante describir los siguientes:

◔ **Angostura.** Bebida amarga elaborada a base de la corteza de angostura y utilizada en la elaboración de algunos cócteles.

◔ **Worcestershire.** Condimento líquido fermentado usado como saborizante, entre el que se integran ingredientes como el vinagre, la melaza, el jarabe de maíz, la salsa de soja...

 TAREA 13

Para ampliar la oferta del restaurante-bar Galera se ha decidido incluir entre la oferta una gama de vodkas. Para hacer una primera selección, identifica qué características y cualidades debes buscar entre la gama de productos que se ofrecen bajo esta denominación de producto.

Justifica tu respuesta.

3. Clasificación comercial: formas de comercialización y tratamientos habituales que le son inherentes; necesidades básicas de regeneración y conservación

 HILO CONDUCTOR

Uno de los productos servidos en el restaurante-bar Galera son los frutos secos y las patatas fritas. Se compran envasados al vacío y en atmósfera controlada

Continúa en página siguiente >>

<< Viene de página anterior

respectivamente, no requiriendo regeneración para su servicio. Ahora bien, una vez abierto el producto, en su posterior almacenamiento se necesita envasarlo en las mismas condiciones, usando para ello la máquina de vacío.

Conocer la naturaleza de los alimentos, así como sus características y necesidades de comercialización son principios básicos para su correcto manejo y la organización de todo establecimiento.

La clasificación de los alimentos puede atender tanto a la naturaleza de los alimentos como a otras muchas especificidades, como por ejemplo: tratamientos térmicos a los que han sido sometidos, grupo nutricional asignado, composición nutricional o incluso, como se indica en este caso, según su comercialización, denominándose "gama".

Ejemplos de productos comercializados con distintas necesidades de conservación y regeneración

3.1. Gamas en la comercialización de los alimentos

La presentación y tratamiento al que ha sido sometido un producto para su comercialización facilita una clasificación específica en la que se diferencian cinco gamas de productos. Cada una de estas gamas tiene unas propiedades específicas tanto en función de necesidades de conservación como de regeneración. Estas gamas son las siguientes:

➲ **Gama I:** se relaciona con los productos frescos.

Estos productos no han sido procesados, en todo caso han sido sometidos a refrigeración.

➲ **Gama II:** son los productos en conserva o semiconserva.

Estos productos, tanto de origen vegetal como animal, adicionados o no de ingredientes o sustancias, se presentan envasados y cerrados de forma hermética y tratados térmicamente por calor para propiciar su esterilización.

Se habla de semiconservas cuando el producto no ha adquirido en el proceso la temperatura de esterilización, necesitando para su conservación la aplicación de frío.

➲ **Gama III:** compuesta por los productos congelados.

Estos productos, además de requerir de un envasado hermético, necesitan de frío negativo para su conservación. La temperatura de aplicación mínima será de −18 °C.

➲ **Gama IV:** se relaciona con aquellos productos que han sido sometidos en su envasado a técnicas de vacío o en atmósferas modificadas.

Son productos representativos, las frutas y verduras troceadas listas para consumo. Requieren de frío para prolongar su conservación.

Estos productos no han sido sometidos a tratamientos culinarios térmicos de calor para modificar sus características.

➲ **Gama V:** son aquellos productos que han sido tratados con calor y envasados al vacío.

Estos productos se han visto sometidos a un tratamiento culinario térmico y un envasado al vacío, complementado o no con la aplicación de frío para su conservación.

La temperatura a la que se somete el producto en su envasado durante la comercialización diferencia, a su vez, entre:

◖ **Platos esterilizados.** Son elaboraciones que han sido sometidas a tratamientos térmicos superiores a los 100 °C.

◖ **Platos pasteurizados.** Son elaboraciones que han sido sometidas a tratamientos térmicos de entre 65 y 85 °C y envasados al vacío, teniendo un periodo de conservación de entre 21 y 42 días.

3.2. Formas de comercialización inherentes a las bebidas

Las gamas descritas anteriormente no son representativas en la presentación y servicio de las bebidas. Así, en función de sus características o del uso que se les quiera dar, cada tipo de bebida adapta la utilización de un tipo de envase, siendo los más significativos los presentados a continuación:

Botella (envase en vidrio o material plástico)
- Posibilitan infinidad de medidas, y es representativo el sistema utilizado para su cierre: tapones de rosca, de corona, de corcho...

Lata
- Se trata de un envasado de alta resistencia y hermeticidad, lo que permite ofrecer una gran seguridad y protección. Además, es un material opaco, lo que permite una perfecta protección frente a la luz.
- La confección de este material se relaciona con distintas aleaciones en relación a las necesidades de conservación y propiedades del producto a envasar.
- Se diferencian distintos volúmenes, formatos y cierres. No obstante, la presentación más común es la cilíndrica (corrugada o no) y dispuesta de anilla para facilitar su apertura.

Tetrabrik
- Sistema de envasado efectivo, que asegura la estanqueidad y protección del producto durante largos periodos de tiempo. Ofrece innumerables ventajas, tanto por la capacidad de adaptación a múltiples formatos como por los volúmenes.
- A su vez, se trata de un producto con gran capacidad de almacenamiento, tanto por su apilado como por el aprovechamiento de espacio en el almacén.

Barril
- Sistema de envasado y comercialización de bebidas de gran capacidad. Su uso está muy extendido para la comercialización de cervezas, refrescos y otras bebidas como los preparados de vino. Este sistema de comercialización requiere de otro sistema adicional para su servicio (grifos, serpentinas, bombona de CO_2, etc.).
- La capacidad del barril utilizado podrá variar según nuestras necesidades, diferenciando volúmenes de 50, 30 y 15 litros.

 IMPORTANTE

La comercialización de algunas bebidas tiene un sistema propio. Ejemplos de ello son el café y las infusiones, en el que, además de los sistemas ya descritos, se diferencian las siguientes:

Continúa en página siguiente >>

<< Viene de página anterior

- En grano o molido, requiriendo de envasado hermético.
- En hoja entera o picada, requiriendo de envasado hermético con atmósferas modificadas o sistemas que, además de mantener la hermeticidad del producto, garanticen sus características.

 TAREA 14

Para caracterizar el servicio de ginebra de nuestro establecimiento, se ha ideado complementar su servicio con frutos rojos como grosellas y arándanos. Dadas las características de este producto, el mercado ofrece distintas variedades para su comercialización.

Detalla qué tipo de comercialización puede asociarse a este producto, así como sus necesidades de conservación y regeneración que conllevan sus distintas gamas.

Justifica tu respuesta.

---

4. Resumen

Las bebidas son uno de los elementos característicos en el servicio del bar, por lo que es fundamental conocer su clasificación y comercialización, diferenciando entre:

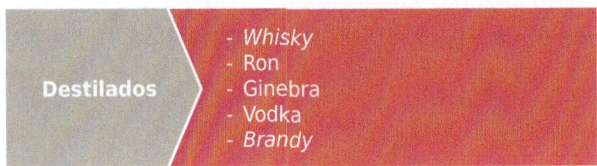

Continúa en página siguiente >>

<< Viene de página anterior

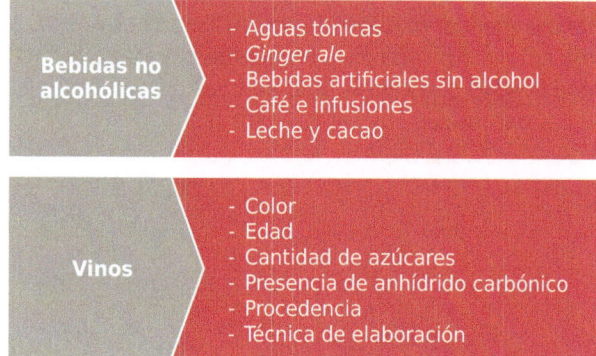

Bebidas no alcohólicas	- Aguas tónicas - *Ginger ale* - Bebidas artificiales sin alcohol - Café e infusiones - Leche y cacao
Vinos	- Color - Edad - Cantidad de azúcares - Presencia de anhídrido carbónico - Procedencia - Técnica de elaboración

Otra de las gamas de productos ofrecidos en el bar está representada por los helados y los semifríos. Estos productos también permiten una clasificación específica, diferenciando entre:

- Sorbetes
- Granizados
- Helados
- Semifríos

En cuanto a las salsas, definidas como mezcla de varias sustancias comestibles desleídas e identificadas en torno al servicio de bebidas como aderezos, tenemos:

- Siropes
- Aliños
- Salsas con nombre propio

El tratamiento dado a los productos, así como el envasado utilizado en el proceso, facilitan una denominación propia en su comercialización. Así, en cuanto al tratamiento y método de conservación, es posible diferenciar entre las gamas de I a V, y en cuanto al envase utilizado, entre:

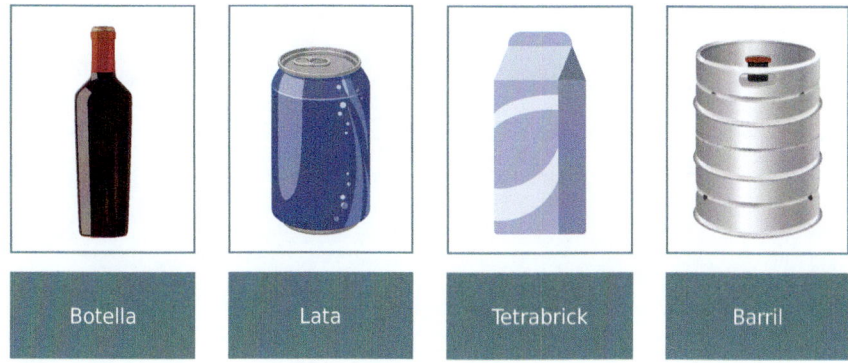

| Botella | Lata | Tetrabrick | Barril |

Finalmente, ten presente que dicha comercialización puede variar según el tipo de producto, como ocurre con los casos del café y las infusiones.

Ejercicios de autoevaluación
Unidad de Aprendizaje 5

1. Indica si las siguientes afirmaciones son verdaderas o falsas.

a. La destilación al vacío o la destilación continua es una de las técnicas o procesos de destilación.

■ Verdadero
■ Falso

b. El *whisky* es la bebida obtenida a partir de la destilación de un mosto de cereales, con o sin otras enzimas naturales.

■ Verdadero
■ Falso

c. El *whisky* canadiense se elabora a partir de un solo tipo de cereal, es decir, es *single malt.*

■ Verdadero
■ Falso

2. El origen del *whisky* se atribuye a:

a. Japoneses.
b. Irlandeses y escoceses.
c. Americanos.
d. Españoles.

3. En la clasificación de los *whiskies* americanos, es posible diferenciar entre:

a. Bourbon *whisky.*
b. Tennessee *whisky.*
c. *Rey whisky.*
d. Todas las opciones son correctas.

4. ¿Qué porcentaje mínimo de maíz se utiliza en el proceso de elaboración del *bourbon whisky*?

    a. 42 %.
    b. 51 %.
    c. 27 %.
    d. 68 %.

5. Rones como Brugal, Barceló o Matusalén proceden de...

    a. ... Puerto Rico.
    b. ... la República Dominicana.
    c. ... Jamaica.
    d. ... Martinica.

6. Indica qué elementos aromáticos destacan en la denominada como *Genever* holandesa:

    a. Lima.
    b. Bayas de enebro.
    c. Coriandro.
    d. Arándanos, casis y grosellas.

7. Identifica cuál o cuáles de las siguientes características se asocian con la comercialización bajo el término "coñac":

    a. Debe producirse a partir de vinos blancos de la variedad tempranillo.
    b. Debe someterse a una destilación basada en el método *charentais* en alambique tradicional.
    c. Tener una graduación superior a 20 °GL.
    d. Todas las opciones son incorrectas.

8. ¿Qué elemento es característico en la preparación del *ginger ale*?

    a. Grosellas.
    b. Pomelo.
    c. Jengibre.
    d. Pétalos de begonia.

9. Un vino espumoso catalogado como *brut* muestra...

    a. ... hasta 3 g/l de azúcar.
    b. ... hasta 6 g/l de azúcar.
    c. ... hasta 15 g/l de azúcar.
    d. ... más de 50 g/l de azúcar.

10. Indica si las siguientes afirmaciones son verdaderas o falsas.

    a. En la elaboración de los sorbetes, es posible la adición de claras montadas o merengues.

        ■ Verdadero
        ■ Falso

    b. Una de las características de los granizados es la presencia de cristales de hielo.

        ■ Verdadero
        ■ Falso

    c. Los semifríos son elaboraciones libres de grasas, destacando por los cítricos y jugos naturales como ingredientes principales.

        ■ Verdadero
        ■ Falso

Ejecución del proceso de aprovisionamiento interno en el restaurante-bar

Contenido

Objetivos

El objetivo general de esta Unidad de Aprendizaje es:

→ Planificar un proceso correcto de aprovisionamiento interno en el restaurante-bar.

Los objetivos específicos de esta Unidad de Aprendizaje son:

→ Diferenciar los pasos requeridos en el proceso de aprovisionamiento interno.

→ Definir un proceso de aprovisionamiento interno en tiempo y forma requerido.

→ Identificar la documentación asociada a la gestión del aprovisionamiento interno.

1. Introducción

La actividad del restaurante-bar hace necesario contar con un registro documental, así como de un protocolo que permita su manejo y registro adecuado. La calidad y oferta de todo establecimiento dependerá de forma directa del proceso de aprovisionamiento, imputando los costes a cada uno de los departamentos.

El proceso de aprovisionamiento requiere de una participación colectiva, en la que además de pretender un flujo correcto de insumos, se consiga la satisfacción final del cliente, ya que propiciará la adquisición y trasiego adecuado de los insumos, reducirá y/o controlará costes...

En el restaurante-bar, el aprovisionamiento no solo hace referencia a las materias primas, sino que también se refiere a útiles, maquinaria, utensilios, mobiliario, utillaje..., por lo que este proceso debe estar sumamente controlado.

Según estos aspectos, y para ofrecer una mayor practicidad al estudio del proceso de aprovisionamiento interno, expondremos los casos acontecidos en el restaurante-bar Galera.

2. Formalización y traslado de solicitudes sencillas

 HILO CONDUCTOR

Manuel, barman del restaurante-bar Galera, necesita hacer un cóctel con zumo de naranja natural. Al no disponer de *stock*, pide al departamento de cocina unas piezas de naranja, lo que requiere de cumplimentar un *transfer* para que se pueda imputar de forma correcta dicho consumo de mercancía.

En el proceso de aprovisionamiento interno, se establecen normas según las necesidades propias de organización y gestión; normas que deben ser conocidas y respetadas por todo el personal, ya que de forma directa o indirecta se verán implicados en el proceso.

Normalmente, este sistema se refleja de forma gráfica en documentos tipo que cada empresa establecerá según sus necesidades, siendo alguno de los más comunes el *transfer* y la comanda, entre otros.

 **RECUERDA**

El proceso documental interno requiere tener presentes los documentos ya descritos en unidades anteriores, como son la hoja de pedido, el parte de compras diario o el *relevé*.

2.1. *Transfer* o vale de transferencia

Los documentos *transfer* o vales de transferencia son documentos de pedido o solicitud entre departamentos. Estos documentos controlan los movimientos internos entre partidas y departamentos, y son cumplimentados por la persona responsable de cada uno de ellos.

Su función es documentar y justificar la salida interna de mercancía de un departamento hacia otro, pudiendo así imputar el gasto a dicho departamento.

Este documento es normalmente utilizado por mandos intermedios; no obstante, todo el personal relacionado con la actividad debe tener conocimientos sobre su cumplimentación y uso.

El diseño de este documento dependerá del establecimiento. No obstante, en todo caso debe reflejar tanto la mercancía que se transfiere como los departamentos y el personal que intervienen. A su vez, para contribuir al control administrativo de este tipo de documentos, también es preciso indicar la fecha y el número de transferencia.

TRANSFER				
Fecha:				
De:			**A:**	
Artículo	Cantidad	Unidad	Cantidad	Unidad

Modelo de vale de transferencia o transfer

 **RECUERDA**

Las unidades de medida reflejadas en el proceso deben coincidir con las utilizadas en el resto de documentos administrativos, permitiendo así llevar a cabo una imputación correcta de precios y análisis de *stock*.

Formalización y traslado del vale de transferencia

El *transfer* o vale de transferencia será emitido por cualquiera de los departamentos en los que esté dividida la gestión del establecimiento, sin incluir el economato o el almacén, para los que existe de forma específica el vale de pedido.

La formalización del *transfer* requiere de fecha y firma, tanto del solicitante como del receptor y emisor de la mercancía transferida, que dan conformidad al proceso.

La estructura organizativa del establecimiento puede especificar a su vez criterios relacionados con el personal autorizado para su gestión, quedando delimitada solo a jefes de departamento o mandos intermedios como pueden ser los jefes de sector o rango, jefes de partida... En cuanto a tiempo y cantidades mínimas y máximas a transferir, no suele determinarse ningún dato, teniendo presente que ni el emisor ni el receptor de la mercancía transferida pueda romper el *stock* del otro o sobrepasar los límites de *stock* máximo establecidos.

 **IMPORTANTE**

La emisión del *transfer* se asocia con la inmediatez, por lo que su ejecución no suele determinar una periodicidad o restricciones horarias de ejecución. Sin embargo, hay que tener en cuenta la actividad de los departamentos implicados, y no interferir en su ritmo y necesidades de trabajo.

2.2. Comanda

Se trata del documento utilizado para reflejar la petición del cliente durante el proceso de servicio. La comanda permite reflejar tanto el tipo de producto solicitado como la cantidad y especificidades que el cliente requiere. A su vez, se trata del documento utilizado para la expedición de la factura o *ticket* de consumo del cliente.

En la gestión interna del establecimiento, la información que facilita la comanda permite conocer el número de clientes atendidos y el número de consumiciones servidas —siendo de gran ayuda a la hora de confeccionar el *relevé—,* así como para el estudio de progresión de ventas, número de ventas de cada elaboración o producto servido...

IMPORTANTE

La comanda también permite reflejar información sobre el orden de servicio o identificación de clientes. No obstante, son datos asociados al proceso de servicio que no inciden en el control documental de uso interno.

Tipos de comandas

La gestión del establecimiento y las especificidades de servicio pueden requerir distintos modelos de comandas, en formato tradicional o electrónico, esto dependerá del departamento o tipo de producto que gestiona. También es posible hacer la siguiente clasificación:

> **Departamental**
> - Es posible tipificar las comandas según el departamento que las emite. Así, en el restaurante-bar es común diferenciar entre las comandas de barra y mesa. De esta forma, se tiene un control de todos los consumos de un mismo cliente, dando a conocer una única factura final. En esta clasificación, también es posible diferenciar la comanda destinada a la bodega, emitida por el sumiller.

> **Organizativa**
> - El tipo de oferta del establecimiento también puede ser determinante en la confección de la comanda (comandas predeterminadas). En el bar-restaurante, esta división puede estar relacionada con el servicio de los desayunos, menús...
>   - **Comanda de desayuno.** De forma predeterminada aparecen distintos tipos de desayunos o productos relacionados con este servicio, requiriendo simplemente de su marcado.
>   - **Comanda menú.** Se trata una comanda en la que aparecen las distintas ofertas de menú, requiriendo simplemente de su marcado.

Continúa en página siguiente >>

<< Viene de página anterior

Necesidades de servicio
- Durante el proceso de atención o servicio hacia el cliente, es posible enfrentarnos a infinidad de situaciones. Para dar cabida a las más significativas, es posible diferenciar las comandas tipo suite y tipo *retour*, que tienen las siguientes peculiaridades:
  - **Suite.** Indica que un nuevo cliente se ha incorporado a una mesa a la que ya se había tomado comanda, o bien se ha solicitado una nueva elaboración una vez que el servicio ha comenzado. Este tipo de comanda presentará en su encabezado la palabra *"suite"*, indicando la nueva elaboración a incluir. Al mismo tiempo, esta comanda también deberá incluir datos sobre el número de mesa, fecha y hora, número de comensales, etc.
  - **Retour.** Indica que uno de los platos solicitados ha sido eliminado o bien cambiado por otro. En su confección, aparecerá de forma destacada la palabra *"retour"*, así como el plato o consumición que se elimina y la nueva que se incluye. De no incluir ninguna nueva, se deberá indicar con el fin de no crear confusión.

Formalización de la comanda

La formalización de la comanda a nivel interno tiene tres propósitos fundamentales:

- ⮑ **Gestión de cobro:** da a conocer al departamento de facturación los consumos realizados para facilitar la emisión de la factura.
- ⮑ **Gestión de elaboración o servicio:** informa de la demanda del comensal, así como del orden requerido en el servicio.
- ⮑ **Gestión administrativa:** permite determinar las salidas o consumos realizados, contribuyendo a la generación de pedidos, el control del almacén y la *mise en place*.

La generación de la comanda debe asegurar su claridad y concreción a fin de evitar confusiones que puedan ocasionar retrasos en el servicio. Ten presente que su lectura deberá ser interpretada por el resto de implicados en el servicio.

En su formalización es determinante obedecer a una serie de pautas específicas que, aunque pueden ser propias del establecimiento, generalmente se pueden diferenciar las siguientes:

- Toda comanda deberá presentar fecha, hora y número de mesa.
- Separar cada grupo de platos o solicitudes según las necesidades y orden de servicio.
- Tomar la comanda completa a cada cliente.
- Indicar en cada comanda el número de clientes, así como la oferta elegida.
- Identificar quién toma cada elaboración.
- Hacer sumatorio de los elementos solicitados indicándolo en el lado izquierdo.

IMPORTANTE

La toma de comanda tradicional generará tres copias:

- **Original:** destinada a facturación.
- **Primera copia:** se entrega al departamento de cocina, bodega...
- **Segunda copia:** permanece en poder del jefe de rango, barra... para estar al corriente del servicio.

Traslado de la comanda

En torno a una gestión tradicional, una vez tomada la comanda o comandas, se procederá a su tramitación haciéndolas llegar a cada uno de los responsables de gestión o departamentos. De este modo, es posible diferenciar entre:

- **Gestión de alimentos:** la petición de alimentos a través de la comanda requiere su entrega al departamento encargado de su confección, pudiendo ser cocina o incluso un apéndice del servicio de barra, representado por el planchista.
  Las necesidades de elaboración conllevan un ritmo específico, en el que se diferencia entre:

  - **Marcha.** Se emplea para indicar que puede comenzar a elaborar el plato o producto solicitado en la comanda. Por ello, es muy importante que el personal de sala conozca los tiempos de elaboración y las necesidades de preparación.
  - **Pasa.** Se utiliza para solicitar la elaboración, indicando que, por parte del departamento de sala o comedor, la mesa está preparada para el servicio.

- ☋ **Marcha-pasa.** Se utiliza para solicitar una elaboración de servicio inmediato. Normalmente se emplea para elaboraciones en las que solo existe un plato y requiere una salida rápida.
- ☋ **Sale.** Utilizado por el departamento de cocina para indicar que una elaboración ya marchada, está lista y pasa/sale para ser consumida.

- ⮑ **Gestión de facturación/cobro:** al departamento de facturación/cobro deberán llegar cada una de las facturas de los consumos de forma ordenada y detallada, a fin de evitar cualquier tipo de incidencia. Un proceso completo de esta gestión contempla los siguientes pasos:

  - ☋ Sellado de cada comanda cursada en el comedor, dándole validez.
  - ☋ Confección de factura.
  - ☋ Efectuar liquidación de cada servicio.
  - ☋ Control de cobro de la factura.
  - ☋ Remitir copias de comandas, facturas y liquidaciones diarias al departamento de administración para sus comprobaciones y asientos oportunos en contabilidad.
  - ☋ Remitir la liquidación y las facturas de crédito para efectuar su cargo y el cierre de producción del día.

- ⮑ **Gestión de bebidas:** en los casos en los que la comanda esté dirigida al servicio de bebidas, su gestión diferencia entre aquellas bebidas que no requieren de una elaboración previa, aquellas destinadas a cócteles y combinados, y las que requieren de un proceso de servicio específico, como puede ser la relacionada con el vino.

  En todo caso, la comanda tomada deberá especificar las necesidades de servicio y consumidores, dando a conocer dicha información a los implicados en el servicio, que actuarán convenientemente para ejecutar la demanda especificada.

NOTA

Es importante que todos los integrantes del establecimiento conozcan el circuito documental relacionado con el servicio y gestión del establecimiento.

TAREA 15

Para evitar los errores en la gestión del aprovisionamiento interno relacionados con la actividad del restaurante-bar Galera, generas una ficha en la que expones los pasos requeridos para el proceso de aprovisionamiento que entregas a cada uno de los integrantes del establecimiento.

¿Qué datos indicarías en dicha ficha?

Justifica tu respuesta.

---

3. Ejecución de operaciones en el tiempo y forma requeridos. Compras. Pedidos. Postservicio. Estudio de tiempos, recorridos y procesos. Control de calidad

☞ HILO CONDUCTOR

A Jaime, como nuevo integrante del restaurante-bar Galera, se le ha hecho llegar un plan de actuación propio de nuestro establecimiento en el que se recoge tanto el protocolo de atención al cliente como el protocolo de gestión documental, donde se especifica cómo afrontar la gestión de operaciones de pedidos, compras, control de calidad...

La comunicación entre departamentos del restaurante-bar debe ser eficaz, puesto que su funcionamiento depende de ello.

Con la creación de un circuito documental y la especificación sobre los procedimientos y protocolos de uso de los mismos, serán las personas que trabajan en un establecimiento las encargadas de ponerlos en práctica. Por lo tanto, habrá que cuidar mucho la formación de estos profesionales en este campo, ya que los documentos no deben sustituir nunca al trato humano, sino ser un apoyo y una garantía de buen funcionamiento entre departamentos.

Estos documentos serán, en mayor medida, controlados por los jefes de departamento según las normas o criterios del establecimiento; no obstante, esta responsabilidad será compartida con los diferentes jefes de partida, rango o sector que formularán el pedido según sus necesidades.

Centrándonos en la gestión interna, el desarrollo de esta actividad hace necesario al menos contemplar la gestión externa dirigida a las compras. El primero de los procesos de estudio se expone a continuación:

Ejemplo de fases comunes en el proceso de aprovisionamiento interno de un restaurante-bar

3.1. Compras

Una vez conocidos los niveles de *stock*, así como los documentos que intervienen en el aprovisionamiento interno del restaurante-bar, es necesario saber en qué consiste la gestión externa de dicho proceso (compras), donde factores como el personal que interviene o los condicionantes de entrega y frecuencia son determinantes.

El volumen de compras, junto con la departamentalización del establecimiento, son otros factores que tener presentes, ya que no es lo mismo coordinar todos los departamentos que intervienen en un establecimiento con gran demanda en el que se asiste al cliente con distintas ofertas que la oferta de un pequeño establecimiento donde se sirve exclusivamente bebida.

El volumen, departamentalización y oferta del establecimiento son aspectos determinantes en el diseño de la gestión de las compras.

El proceso de compra no solo debe asegurar la gestión operativa del establecimiento, sino que también es fundamental la gestión documental, lo que hace necesario determinar de forma previa con los distintos proveedores los principios y condicionantes de actuación. Todo ello debe reflejarse en un sistema documental consistente y en un contrato en el que, además de asegurar el compromiso por ambas partes, se describan los parámetros del acuerdo.

En el caso del restaurante-bar, estos datos se relacionan con:

- **Frecuencia de suministro:** el tamaño del almacén o las características de la oferta del establecimiento determinarán las necesidades o frecuencia de suministros, siendo uno de los acuerdos básicos que establecer en el contrato de suministro.
- **Número de proveedores:** las compras pueden centrarse en un número mínimo de proveedores o dispersarse a varios. Este principio es determinante en la confianza depositada sobre el proveedor, mostrando ventajas y desventajas.

  - **Un solo proveedor.**

    - **Ventajas.** Precios más competitivos con mejoras en los procesos de negociación, menores costes de transporte, mayor confianza y, por tanto, ofrecimiento de productos de mayor calidad. Acceso a ofertas y productos exclusivos... La gestión documental también será menor.

- ⇕ **Desventajas.** Dependencia hacia la persona que suministra, lo que te convierte en más vulnerable frente a problemas de suministro. Pérdida de acceso a promociones y ofertas de otros proveedores.

○ **Varios proveedores.**

- ⇕ **Ventajas.** Acceso a una mayor gama de productos y novedades. Propicia la competencia entre proveedores, obteniendo precios más competitivos y mejor calidad de los productos ofrecidos. Evita la falta de suministro de algún producto, dado que puede ser suplido por otro proveedor.
- ⇕ **Desventajas.** Mayores costes de gestión. Menos repercusión en el volumen de compra y compromiso del proveedor. Delimitación de acceso a ciertos proveedores exclusivos. Costes de suministro mayores.

⮑ **Precios:** el precio de compra de un producto es un factor decisivo, lo que debe ir asociado a parámetros de calidad de producto, frecuencia de suministro, exclusividad frente a competidores, etc.

⮑ *Rappel:* se trata de un descuento comercial en un consumo determinado durante un periodo de tiempo establecido. Es fundamental tenerlo presente en el proceso de compra, permitiendo cerrar un precio competitivo a lo largo de un periodo, lo que facilitará la fijación de precios de la oferta, así como el establecimiento de ratios y costes.

 **NOTA**

En grandes organizaciones es posible contar con un departamento de compras, lo que garantiza una evaluación exhaustiva de la gestión requerida.

3.2. Pedidos

El pedido es el encargo de géneros realizado a un fabricante o vendedor. Su gestión debe estar previamente especificada en el contrato de suministro o compras, cumpliendo con una serie de premisas que garanticen tanto la integridad como la calidad del proceso.

En nuestro caso, y dada la especificidad de nuestro contenido, la gestión de pedidos hace referencia a la transferencia de materiales e insumos entre departamentos, siendo el denominado vale de transferencia o *transfer* el documento utilizado en el proceso entre departamento (excluyendo al almacén general o economato) y el vale de pedido, el referido a la gestión entre los distintos departamentos y el economato o almacén general.

⮑ **Gestión de pedidos entre departamentos:** usando el documento transfer en dicha gestión, se cumplirán los siguientes puntos:

  ◡ Se generará según las necesidades concretas de consumo; la reposición del *stock* propio no es el fin buscado.
  ◡ Será autorizado por el responsable de departamento asignado, justificando la necesidad de pedido.
  ◡ En todo caso, la cantidad solicitada no sobrepasará el *stock* propio.
  ◡ El departamento que recibe dicha solicitud deberá garantizar tanto la cantidad solicitada como la cantidad requerida para su propia gestión.
  ◡ Los mecanismos de entrega deberán asegurar tanto la calidad del producto como su trazabilidad.
  ◡ Siempre se revisará la mercancía, reconociendo la transacción a través de la firma del documento.
  ◡ Se registrará el proceso en tantos documentos como se requiera según la gestión propia de la empresa.

La naturaleza de este tipo de transacción hace que no se suela determinar ni fecha, ni horario, ya que es una solicitud puntual de un producto, por lo que puede ser demandada en cualquier momento.

⮑ **Gestión de pedidos con el economato o almacén general:** en este caso, el documento asociado a esta gestión es el vale de pedido. En él se reflejarán tantos insumos como requiera el departamento para su correcto funcionamiento.

El uso del vale de pedido no se relaciona con una reposición puntual, sino que refleja una gestión compleja, en la que se determinarán las necesidades de aprovisionamiento del departamento. Su gestión será necesaria por los siguientes motivos:

  ◡ Necesidades de reposición de **stock,** donde se considerarán tanto los datos aportados por los distintos documentos de gestión como las previsiones de consumo.
  ◡ Su expedición atenderá a fechas y horas previamente establecidas.

◔ La entrega y retirada de los insumos solicitados deberá ser garantista, lo que requiere de la supervisión continua del responsable o responsables de departamento.

◔ La justificación de dicha entrega será reconocida mediante la firma del responsable del departamento emisor y receptor.

◔ La entrega deberá garantizar el aseguramiento de la calidad, así como la trazabilidad, por lo que cumplirá con los protocolos previamente establecidos. Algunos ejemplos que tener presentes son:

⇕ No romper la cadena de frio de los productos que así lo requieran.

⇕ Evitar el deterioro de los envases.

⇕ Cambiar en caso necesario aquellos envases o embalajes que puedan incidir en la contaminación del resto de productos.

⇕ Respetar el orden establecido en las distintas dependencias.

⇕ Respetar los tiempos y tipos de entrega, sin interferir en la gestión general del departamento.

NOTA

La descripción llevada a cabo hace referencia a una "gestión de aprovisionamiento interno". Es posible que esta gestión no sea contemplada en la organización de ciertos establecimientos, por lo que puede ser necesaria una gestión directa con proveedores externos (compras).

3.3. Postservicio

Aunque se trate de una reposición interna de previsiones, hay que establecer una garantía de calidad en dicha gestión. En este caso, al tratarse de un protocolo interno, jugará especial importancia la colaboración de cada uno de los integrantes implicados.

Tiene especial importancia al respecto la implantación de un protocolo específico, en el que destaca la generación de documentos de registro. Estos documentos serán propios del establecimiento y se relacionan con el registro de incidencias, el registro de mermas, el parte de devolución...

El uso de uno u otro documento atenderá a distintas casuísticas. No obstante, todos ellos permiten registrar aquellos productos que no han podido ser utilizados, requiriendo su retirada o eliminación.

La generación de estos registros tiene como propósito final una reclamación hacia el proveedor externo, proponiendo la retirada del producto, así como la revisión de niveles de *stock,* política de compras, gestión del almacén...

 EJEMPLO

- Registro de incidencias. Producto facilitado por economato con una fecha de consumo inferior a la determinada de forma protocolaria.
- Parte de devolución. Producto que no cumple con sus características organolépticas.
- Registro de mermas. Producto que, sin presentar mermas, no puede ser aprovechado de forma completa.

 ACTIVIDAD COMPLEMENTARIA

7. Busca y analiza ejemplos de gestión documental interna asociada a los establecimientos de restauración, estableciendo los propósitos de uso, así como las ventajas de gestión que supone su implantación.

3.4. Estudio de tiempos, recorridos y procesos

Una de las facetas más importantes en la gestión de un establecimiento de restaurante-bar se relaciona con las tareas de aprovisionamiento, puesto que redundará sobre la calidad de los productos o insumos y su rentabilidad.

Ejecutar un proceso coordinado y eficaz de aprovisionamiento no es tarea fácil, no obstante, es fundamental y puede ser simplificado con la implantación de los siguientes principios:

- **Orden y capacidad del almacén:** el almacén debe procurar un orden lógico en el que tanto la reposición como la retirada de productos sea eficaz. Así, los productos de mayor demanda serán dispuestos en lugares más accesibles.

  Los productos o familias de productos que sean demandados de forma conjunta también pueden ser clasificados del mismo modo, minimizando los desplazamientos requeridos.

  Recuerda que el volumen de productos almacenados también influirá en su gestión. Por tanto, ajustar los niveles de *stock* también será un valor determinante.

- **Registro documental:** en todo caso se debe evitar la duplicidad documental. Además, debe optimizarse la generación de registros, centrándonos en el registro de aquellos datos que sean estrictamente requeridos.

- **Marcha adelante:** el proceso de almacenamiento deberá contemplar las necesidades organizativas del establecimiento. Así, productos de consumo directo deben ser directamente almacenados en los lugares de uso, la rotación de productos debe evitar el traslado o movimiento de los productos ya colocados..., es decir, un producto almacenado solo debe ser trasladado para su consumo.

- **Frecuencia de suministro:** aunar frecuencia y volumen de almacenamiento debe ser una prioridad. Recuerda que el exceso de mercancía se traduce en un mayor coste, al igual que una reposición frecuente.

- **Departamentalización:** la departamentalización de los distintos emplazamientos de todo establecimiento debe simplificarse a fin de minimizar tanto los movimientos de productos como la gestión documental.

IMPORTANTE

La simplificación del proceso no debe propiciar la falta o pérdida de información de control.

APLICACIÓN PRÁCTICA

A lo largo de la jornada de trabajo llevada a cabo en el restaurante-bar Galera, han acaecido las siguientes actuaciones:

Continúa en página siguiente >>

<< Viene de página anterior

a. **Para reponer el almacén del bar se genera un *transfer,* que es entregado al departamento de economato/almacén.**
b. **El planchista necesita flambear de forma puntual una elaboración, por lo que solicita al departamento de sala una copa de *brandy,* que no queda registrada en ningún documento, ya que no supone un valor alto.**
c. **Un cliente solicita productos de bar y restaurante, pasando por varios departamentos, lo que genera varias comandas en tiempo y forma específicas.**

¿Cuál o cuáles de los procesos descritos se han realizado atendiendo a una gestión adecuada?

Solución

De los principios descritos, solo el referido a la generación de comandas es correcta. Ten presente que solicitar un pedido al economato o almacén central requiere generar un vale de pedido. Por su lado, cualquier transferencia de insumos entre departamentos debe ser registrada con el fin de poder valorar los costes de cada departamento.

 TAREA 16

A fin de ofrecer un nuevo menú en el restaurante-bar Galera se requiere adquirir nuevos productos que hasta ahora no se han utilizado. Muchos de estos productos son de uso frecuente en el departamento de sala, por lo que se decide hacer un pequeño pedido a dicho departamento para hacer una prueba.

Como responsable de cocina, indica como llevarás a cabo dicho proceso, identificando tanto los documentos implicados, como las premisas que deberás tener presentes en base a la correcta gestión de los departamentos implicados.

Justifica tu respuesta.

3.5. Control de calidad

Toda empresa en la que la gestión de alimentos esté presente debe tener como prioridad la implantación de un sistema de autocontrol, en el que se reflejen los protocolos a aplicar según la determinación del análisis de los denominados puntos de control críticos.

Un protocolo eficaz con el fin de controlar la calidad son los **planes generales de higiene,** con los que se pretende:

Identificar los alimentos y los riesgos a los que se enfrentan en función de sus características y propiedades organolépticas.

Establecer los puntos críticos de riesgo que existen desde la adquisición al servicio de los productos.

Establecer procedimientos de control documentados de forma habitual y sistemática que garanticen una manipulación segura.

El seguimiento de estos protocolos forma parte del conjunto de normas, directrices y códigos de prácticas aprobadas por la Comisión del Codex Alimentarius, a fin de garantizar alimentos seguros.

Planes generales de higiene

Se trata de actividades preventivas, organizadas y estructuradas que atienden a características especiales de la empresa para la que se realiza, y evitan potenciales peligros alimentarios.

Cada plan debe tener un objetivo perfectamente definido y un responsable del mismo. Tendrá definidas las acciones que debe contemplar y cómo se corrigen si dan malos resultados, así como un procedimiento de registro.

Los planes generales de higiene hacen referencia a:

- ➲ Control del agua apta para el consumo humano.
- ➲ Limpieza y desinfección.
- ➲ Control de plagas: desinsectación y desratización.

- Mantenimiento de instalaciones, equipos y útiles.
- Mantenimiento de la cadena de frío.
- Trazabilidad (poder verificar por qué procesos ha pasado).
- Formación de manipuladores.
- Eliminación de subproductos y residuos.
- Certificación de proveedores.
- Otros que, según las características de la empresa, sean necesarios para garantizar la seguridad de los alimentos o le sean indicados por parte de la autoridad sanitaria.

Sistema APPCC (análisis de peligros y puntos de control críticos)

La implantación del sistema APPCC garantiza el control de los peligros que resultan significativos en la gestión de los alimentos.

Su desarrollo se basa en siete principios que hacen referencia a un total de doce tareas, que son:

1. Establecer un equipo de APPCC.
2. Describir el producto.
3. Identificar el uso al que ha de destinarse el producto.
4. Elaborar el diagrama de flujo del producto.
5. Confirmar el diagrama de flujo *in situ.*
6. Identificar y analizar el peligro o peligros.
7. Determinar los puntos críticos de control (PCC).
8. Establecer límites críticos para cada PCC.
9. Establecer un procedimiento de vigilancia.
10. Establecer medidas correctoras.
11. Verificar el plan de APPCC.
12. Mantener registros.

Documento del sistema de autocontrol

El sistema de autocontrol será específico de cada empresa y quedará registrado en un documento denominado "sistema de autocontrol".

Este documento debe adaptarse a la realidad de la empresa, incluyendo medidas preventivas y de supervisión de los puntos que generen peligro para la salud del consumidor, así como plantee riesgos para el producto.

Este documento debe contemplar:

> Datos identificativos del sistema de autocontrol y descriptivos de la actividad de cada empresa.

> Planes generales de higiene (PGH), incluyendo su estudio, desarrollo y forma de aplicación en la empresa.

> Plan APPCC: estudio y aplicación del plan en torno al proceso productivo de cada empresa alimentaria, de acuerdo con los principios y métodos propuestos por el Codex Alimentarius.

Normas asociadas a la gestión de la calidad interna

De entre las normas de calidad utilizadas en la gestión interna de las organizaciones, es preciso citar la Norma ISO 9001, donde se proponen los requisitos que se deben establecer y los procesos de mejora abarcando todo ámbito empresarial, incluido el servicio y el producto final.

Los principios de gestión de la calidad en función de la implantación y seguimiento de esta norma son:

- **Enfoque al cliente:** se deben tener presentes las necesidades del cliente actuales y futuras, satisfaciendo sus requisitos y cumpliendo con sus expectativas.
- **Liderazgo:** se debe propiciar un ambiente interno adecuado que permita involucrar al personal en los logros de los objetivos de la organización.
- **Participación del personal:** se debe asegurar el compromiso del personal en beneficio de la organización.
- **Enfoque basado en procesos:** el desarrollo de las actividades y el uso de recursos de gestión deben ser gestionados como un proceso, ya que se considera que se alcanzan resultados más eficientes.
- **Enfoque de sistema para la gestión:** persigue cumplir con el logro de objetivos basados en la identificación, el entendimiento y la gestión de cada uno de los procesos interrelacionados.
- **Mejora continua:** se ha de perseguir una mejora continua en los procesos llevados a cabo. Se deben solucionar y mejorar en función de los logros estimados.
- **Enfoque basado en hechos para la toma de decisiones:** contemplar y valorar los datos e información disponible permitiendo tomar las decisiones eficaces.

⊃ **Relaciones mutuamente beneficiosas con el proveedor:** potenciar la relación entre la organización y sus proveedores permite aumentar las capacidades relacionadas con la creación de valor.

ACTIVIDAD COMPLEMENTARIA

8. Busca y analiza organismos, mecanismos y entidades que permiten el desarrollo de la gestión de la calidad, pudiendo hacer uso de fuentes de internet o publicaciones especializadas.

- -

TAREA 17

Desde el departamento de bar han retirado 3 kg de naranjas para zumo, dejando sin *stock* al departamento de cocina. Además, dado que han dejado sin *stock* a dicho departamento, solicitan a través de un *transfer* 15 kg del mismo producto a economato. Tu registro indica que tu *stock* máximo debe ser de 5 kg y, a su vez, justificas que el pedido tiene pensado facilitar al departamento de cocina el producto previamente retirado.

¿Los pasos descritos se consideran adecuados para facilitar la gestión general de control del establecimiento? ¿Afectará a los procesos de control de calidad propios de esta actividad?

Justifica tu respuesta.

- -

4. Resumen

La gestión de aprovisionamiento interno de todo establecimiento de restaurante-bar requiere de un sistema documental, cuya gestión debe ser conocida por todos los integrantes de la organización.

De entre la documentación asociada a este control (aprovisionamiento interno), es importante destacar:

- *Transfer* o vale de transferencia
- Comanda

La gestión de estos documentos depende del establecimiento, aunque existen valores y registros que pueden ser comunes, como el registro de fechas, número de registro y descripción de productos y cantidades, entre otros.

El diseño documental debe acompañarse de la descripción de las necesidades requeridas para su gestión, imponiéndose los protocolos de formalización y traslado, pautados para garantizar su registro y viabilidad. Además, se tendrán en cuenta operaciones en tiempo y forma como las siguientes:

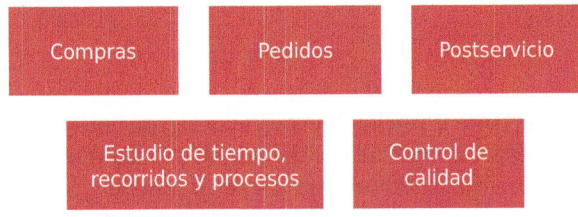

Ejercicios de autoevaluación
Unidad de Aprendizaje 6

1. Indica si las siguientes afirmaciones son verdaderas o falsas.

    a. Los procesos de aprovisionamiento deben ser conocidos por todo el personal, ya que es posible que en el desarrollo de su actividad se vean implicados en el proceso.

        ■ Verdadero
        ■ Falso

    b. En los procesos relacionados con la gestión de aprovisionamiento interno, la gestión del *relevé* no se tendrá en cuenta.

        ■ Verdadero
        ■ Falso

2. La solicitud de pedidos entre departamentos, sin incluir al departamento de economato o almacén general, se llevará a cabo haciendo uso de:

    a. El vale de transferencia o *transfer*.
    b. El vale de pedido.
    c. La factura.
    d. El albarán.

3. Los *transfers*...

    a. ... reflejan el consumo diario de un departamento.
    b. ... se utilizarán para cotejar la calidad del producto adquirido.
    c. ... dan a conocer las necesidades de *stock* de un departamento.
    d. Todas las opciones son incorrectas.

4. La comanda...

    a. ... facilita la gestión de sala, así como la expedición de la factura o *ticket* de consumo del cliente.
    b. ... da a conocer los ingredientes de una elaboración.

c. … proporciona los datos requeridos para el cálculo de los costes de gestión.

d. … ofrece los datos de registro de nuestros proveedores.

5. En la gestión de la comanda, el departamento de sala indicará "PASA" cuando…

a. … el cliente solicita el cobro del servicio.

b. … por su parte la mesa está preparada para el servicio.

c. … el cliente pide las bebidas.

d. … se puede comenzar a elaborar el plato o producto solicitado en la comanda.

6. El original de la comanda se destina…

a. … al departamento de facturación.

b. … al departamento de bodega.

c. … a la gestión de *stock* de almacén.

d. … al departamento de cocina.

7. En el proceso de compras, es necesario valorar información sobre…

a. … frecuencia de suministro.

b. … *rappel.*

c. … número de proveedores.

d. Todas las opciones son correctas.

8. Contar con un solo proveedor para satisfacer tu demanda se relaciona con…

a. … una menor vulnerabilidad frente a problemas de suministro.

b. … mayores costes de gestión.

c. … precios más competitivos con mejoras en los procesos de negociación.

d. … un mayor registro documental.

9. ¿Qué es el *rappel*?

a. Los gastos relacionados con la gestión de *stock.*

b. Los descuentos asociados a la reducción del tipo impositivo.

c. El descuento comercial asociado a un consumo determinado durante un periodo de tiempo establecido.

d. Todas las opciones son correctas.

10. En el proceso de aprovisionamiento es necesario contemplar...

a. ... el orden y capacidad del almacén.

b. ... la frecuencia de suministro.

c. ... la departamentalización y marcha adelante.

d. Todas las opciones son correctas.

Prevención de riesgos en la gestión logística y de almacenes de hostelería

Contenido

Objetivos

El objetivo general de esta Unidad de Aprendizaje es:

→ Asimilar los conceptos relacionados con la prevención de riesgos en la gestión logística de los almacenes de hostelería.

Los objetivos específicos de esta Unidad de Aprendizaje son:

→ Reconocer los factores de riesgo propios del sector hostelero.

→ Identificar las medidas a implantar para hacer frente a los riesgos en los puestos de logística de bar.

→ Diferenciar el etiquetado propio de los productos peligrosos.

1. Introducción

El riesgo, asociado a la actividad laboral del restaurante-bar, son los peligros existentes tanto en el desarrollo de la actividad como en el entorno o lugar de trabajo, susceptibles de originar accidentes o cualquier tipo de siniestro, pudiendo provocar problemas de salud físicos o psicológicos.

Para hacer frente a estos riesgos es necesario implantar una serie de normas y actividades, con una labor doble: la detección de estos riesgos y la aplicación de medidas que permitan eliminarlos o minimizarlos.

Según estos aspectos, y para ofrecer una mayor practicidad al estudio de la prevención de riesgos en la gestión logística y de almacenes de hostelería, expondremos los casos acontecidos en el restaurante-bar Galera.

2. Sector hostelero

 **HILO CONDUCTOR**

La actividad del restaurante-bar Galera, y en concreto la gestión de su almacén, hace necesario contemplar las necesidades de sus trabajadores, dada la repercusión que tiene esta actividad en la gestión general del establecimiento.

El sector hostelero es representativo de la actividad laboral en España y ocupa a un alto porcentaje de trabajadores, lo que hace que el factor humano sea un elemento esencial que debe cuidarse y protegerse.

Este sector muestra unas características singulares en cuanto a condiciones de trabajo, ritmos y organización; no solo en lo referido a la actividad, sino también en las relaciones personales y familiares.

Según estos principios, en materia de prevención se desarrolla, entre otras normativas, la Ley 31/1995 de 8 de noviembre, de Prevención de Riesgos Laborales, que aporta una base sólida sobre los principios de actuación para trabajadores y empresarios, permitiendo velar por la seguridad e higiene en el trabajo, y el Real Decreto 487/1997, de 14 de abril, sobre disposiciones mínimas de seguridad y salud relativas a la manipulación manual de cargas que entrañe riesgos, en particular dorsolumbares, para los trabajadores.

 **PARA SABER MÁS**

Ley 31/1995 de 8 de noviembre, de Prevención de Riesgos Laborales.

Real Decreto 487/1997, de 14 de abril, sobre disposiciones mínimas de seguridad y salud relativas a la manipulación manual de cargas que entrañe riesgos, en particular dorsolumbares, para los trabajadores.

Ley 31/1995 de 8 de noviembre	Real Decreto 487/1997, de 14 de abril

https://redirectoronline.com/hotr050po0701	*https://redirectoronline.com/hotr050po0702*

En el sector hostelero, además de asegurar la integridad del trabajador, hay que contemplar las necesidades de conservación y gestión de las materias primas relacionadas; todo ello se halla descrito de forma general en el Reglamento 852/2004, relativo a la higiene de los productos alimenticios.

Esta normativa expone los procedimientos para la autorización de establecimientos, los requisitos para el almacenamiento, el transporte y el marcado sanitario; procedimientos que, de forma directa o indirecta, incidirán en la gestión del almacén y, por tanto, en la actividad del sector hostelero.

 PARA SABER MÁS

Reglamento (CE) n.º 852/2004 del Parlamento Europeo y del Consejo, de 29 de abril de 2004, relativo a la higiene de los productos alimenticios.

Continúa en página siguiente >>

<< Viene de página anterior

Reglamento (CE) n.º 852/2004

https://redirectoronline.com/hotr050po0703

 ACTIVIDAD COMPLEMENTARIA

9. Busca información sobre las exigencias de la normativa vigente en relación al control de procesos y características de las instalaciones para evitar riesgos y reconocer los procesos asociados a su distribución y uso. Puedes consultar fuentes de internet o revistas especializadas.

---

3. Factores de riesgo

 HILO CONDUCTOR

La intensidad de trabajo en el restaurante-bar Galera ha provocado episodios de estrés en algunos de sus trabajadores. Aunque aparentemente la gestión parece correcta, no se ha tenido presente la presión a la que los trabajadores están sometidos, por lo que en este trimestre dos camareros han solicitado la baja. A su vez, otro de los trabajadores ha sufrido una caída durante el desarrollo de su actividad, uno de los accidentes más habituales junto con los accidentes relacionados con los cortes.

Los factores de riesgo en la actividad de almacenamiento del restaurante-bar tienen una relación directa con las condiciones de seguridad implantadas, diferenciando entre:

- **Instalaciones:** el lugar de trabajo presenta riesgos que deben ser observados, como son los propios de las instalaciones eléctricas, gases, incendios, control de temperaturas, ventilación, superficies...
- **Actividad:** la actividad llevada a cabo supone el uso de equipos y útiles específicos, así como la manipulación de cargas y posturas repetitivas.
- **Organización:** en esta actividad la carga física y mental es uno de los elementos más significativos, y la planificación y la organización son factores definitivos.
- **Insumos:** la actividad hace necesario el manejo de materiales inflamables, así como de productos químicos peligrosos.

En la actividad del almacén, los factores de riesgo (fuente o situación con capacidad de producir daños para la salud) son representativos en los casos de manipulación manual de cargas y, por ello, la normativa específica que lo contempla recoge que la manipulación de cargas es:

Cualquier operación de transporte o sujeción de una carga por parte de uno o varios trabajadores, como el levantamiento, la colocación, el empuje, la tracción o el desplazamiento, que por sus características o condiciones ergonómicas inadecuadas entrañe riesgos, en particular dorsolumbares, para los trabajadores.

No obstante, como se ha indicado, no es el único factor que tener presente, pudiéndose hacer una clasificación previa:

Riesgos con consecuencias graves
- Riesgos de origen eléctrico
- Riesgos asociados al manejo de máquinas

Riesgos que originan accidentes frecuentes
- Golpes, cortes y pinchazos
- Caídas al mismo nivel
- Manejo de cargas
- Quemaduras
- Manejo de maquinaria
- Ruidos y vibraciones

Continúa en página siguiente >>

<< Viene de página anterior

Exposición a contaminantes químicos
- Productos de limpieza y desinfección
- Productos de mantenimiento

Condiciones de las instalaciones
- Riesgos que se pueden presentar desde el punto de vista de la seguridad

Manipulación de alimentos y bebidas
- Áreas de trabajo
- Instalaciones
- Uniformidad

4. Riesgos y medidas preventivas en el sector

☞ HILO CONDUCTOR

El seguimiento del plan de prevención de riesgos laborales impuesto en el almacén del restaurante-bar Galera ha propiciado que, por ahora, no se haya registrado ninguna incidencia importante. Dicho plan es conocido por todos los participantes en la actividad, y es desarrollado e implantado en los términos que reglamentariamente se establecen.

Bajo el plan de **prevención de riesgos laborales** se integra el sistema general de gestión de la empresa, incluyendo cada una de las actividades que desarrolla y la responsabilidad según los niveles jerárquicos de esta.

Anteriormente ya se han clasificado estos riesgos, y a continuación pasamos a su descripción.

4.1. Riesgos con posibles consecuencias graves

En el sector de la hostelería, los riesgos que más gravedad entrañan son los relacionados con el manejo de la maquinaria y el contacto con los sistemas eléctricos.

Riesgo de origen eléctrico
- Las características de este tipo de establecimientos, así como la actividad desarrollada, hacen que en ocasiones la humedad o incluso la aparición de zonas mojadas potencien este riesgo. En esos casos, es importante adoptar medidas de seguridad específicas.

Riesgo procedente de la maquinaria
- En el sector hostelero, el uso de maquinaria de corte hace que cualquier operación con este tipo de elemento puede tener consecuencias graves.

NOTA

La necesidad de almacenamiento en refrigeración puede suponer un riesgo importante de congelación asociado a posibles atrapamientos, mal uso de la maquinaria, etc.

4.2. Riesgos que originan accidentes frecuentes

A continuación se presentan algunos de los accidentes que con mayor frecuencia se dan en el sector de la hostelería:

➲ **Golpes, cortes y pinchazos:** en el sector hostelero la utilización de útiles de corte, mezcladoras, emulsionadoras... puede ocasionar un riesgo. A su vez, la rotura de cristales o el paso por puertas de vaivén son posibles causas de corte o golpes. Para ello, es necesario:

  ◑ Utilizar cuchillos con mango antideslizante.
  ◑ Mantener los cuchillos bien afilados y utilizarlos de forma adecuada.
  ◑ Usar los equipos de protección individual propios de cada operación.
  ◑ Determinar flujos de trabajo y movimientos.

Como medidas preventivas que aplicar al respecto es importante:

◕ Adquirir herramientas de calidad que cumplan con los parámetros de seguridad impuestos por normativa.

◕ Formar al usuario en el manejo adecuado.

◕ Propiciar un mantenimiento y almacenamiento adecuado de las herramientas.

➚ **Caídas al mismo nivel:** las irregularidades en el suelo, la existencia de suelos deslizantes o posibles obstáculos pueden propiciar la caída de los operarios. Para ello, es necesario contar con una construcción adecuada, así como tomar tantas medidas preventivas como sean necesarias, entre las que destaca el uso de carteles indicativos (suelo mojado, camine con precaución...); actuar de forma efectiva ante irregularidades como retirar líquidos derramados... y hacer un uso correcto del calzado, adaptándolo a las necesidades.

➚ **Manejo de cargas:** el volumen de trabajo en el sector de la hostelería conlleva en ocasiones la realización de esfuerzos tales como levantar o movilizar objetos que tengan pesos elevados o formatos de difícil manejo. Además, la actividad se asocia con el mantenimiento de posturas forzadas de muñecas y hombros, tiempos de descanso insuficientes...
Como procesos a evitar al respecto, destacan:

◕ Evitar esfuerzos prolongados.

◕ Evitar la misma postura durante largos periodos.

◕ Evitar la exposición a temperaturas bajas y superficies duras o frías.

Como medidas preventivas que aplicar al respecto es importante:

◕ Hacer uso de mecanismos o útiles adecuados al trabajo a realizar.

◕ Favorecer el uso de ambas manos, así como la colaboración de distintas personas para un mismo elemento.

◕ Emplear útiles ergonómicos, permitiendo su correcta adaptación.

◕ Corregir movimientos incorrectos y evitar maniobras forzadas.

➚ **Quemaduras:** asociadas al uso de hornos, fogones, lavavajillas..., así como superficies calientes de maquinaria. Para evitar este riesgo es fundamental:

◕ Hacer un uso correcto de los elementos y líquidos a altas temperaturas.

◕ Respetar los tiempos requeridos para los procesos de limpieza y desinfección de aparatos generadores de calor.

◕ Usar utensilios adecuados para el transporte de objetos calientes.

◕ Avisar a los implicados en el servicio o manejo de platos o elementos calientes de su estado, propiciando la protección de sus manos.

◕ Hacer un uso correcto de los elementos de servicio o conservación.

⊃ **Manejo de maquinaria:** las picadoras, cortafiambres, peladoras o cualquier útil destinado al corte de alimentos debe ser utilizado según los principios impuestos por el fabricante. No hay que eliminar o modificar ningún elemento de protección propio de la maquinaria, y se debe hacer un uso correcto.

 ACTIVIDAD COMPLEMENTARIA

10. Busca información sobre los principios de manejo correcto de cargas indicados por normativa, ya que se trata de uno de los principales riesgos asociados al trabajo de almacén. Para ello, podrás hacer uso de fuentes de internet o publicaciones especializadas.

4.3. Exposición a contaminantes químicos

Los riesgos que presentan tanto las sustancias como los preparados químicos varían de acuerdo con su uso, lo cual no exime de la obligación del fabricante de especificar la peligrosidad de un producto en concreto, con el fin de suministrar información al usuario para que pueda tomar las medidas necesarias para su protección. Estos productos pueden ser utilizados en tareas de limpieza de locales, maquinaria, etc.

Antes de utilizar cualquier producto de limpieza, hay que leer detenidamente su ficha de seguridad y la etiqueta donde se indican los peligros de ese producto. Para identificar un producto nunca se ha de probar o inhalar. Durante su manipulación hay que utilizar los equipos de protección individual adecuados a la operación que se esté realizando, guantes de protección, gafas de seguridad y/o mascarilla.

No se debe usar ningún producto químico sin saber sus características y riesgos, es decir, sin conocer su etiqueta, y hay que preguntar aquello que no comprendamos. Además, para evitar que se den intoxicaciones por ingestión, no se debe cambiar nunca un producto químico de su envase original y, en caso de ser necesario el trasvase, no emplear envases que hayan contenido alimentos o bebidas. El nuevo envase debe ser adecuadamente etiquetado. La absorción de las sustancias tóxicas por el organismo se efectúa principalmente a través de una o varias de estas tres vías: por inhalación, ingestión y por la piel.

IMPORTANTE

No almacenar conjuntamente productos químicos con alimentos y bebidas, y utilizar siempre protección adecuada.

Es necesario que se tengan en cuenta una serie de medidas prácticas encaminadas a la minimización de los posibles daños que se puedan causar en la manipulación de estas sustancias:

- Lavarse bien las manos y partes en contacto con las sustancias químicas después de su utilización.
- Utilizar prendas adecuadas que permitan su lavado frecuente, pudiendo eliminar posibles focos de contaminación.
- Utilizar la uniformidad correspondiente, dotándola en caso necesario de guantes, mascarilla...
- Conocer las características del producto, tanto su uso como su peligrosidad.
- Actuar de forma eficaz frente a cortes o heridas, siendo imprescindible taparlas.
- Mantener los envases cerrados y no cambiar en ningún caso el producto de su envase original.
- Conocer las características de los productos y sustancias químicas utilizadas para evitar secuelas después de su utilización.
- Hacer un uso correcto de los equipos de protección individual, y garantizar un mantenimiento adecuado.

ACTIVIDAD COMPLEMENTARIA

11. Busca información sobre los pictogramas utilizados en la identificación de los productos químicos, especificando su significado y medidas preventivas. Para ello, podrás hacer uso de fuentes de internet o publicaciones especializadas.

---

5. Identificación y prevención de riesgos en los puestos de logística de bar

☞ HILO CONDUCTOR

Durante la entrega del pedido realizado por el sumiller, se han caído dos botellas de vino, lo que ha propiciado su rotura. Los restos de vidrio y el vino no han sido retirados, por lo que uno de los camareros ha resultado herido por una caída al mismo nivel provocada por el líquido, sufriendo además cortes en las manos y piernas, debido a los cristales.

- -

Los riesgos asociados al sector de la hostelería pueden ser extrapolados a los propios de los procesos de logística del bar, y pese a que ya han sido citados, es posible profundizar de forma específica en cada uno de ellos, obteniendo un análisis que refleja la importancia de su cumplimiento.

En estos riesgos se diferencia entre:

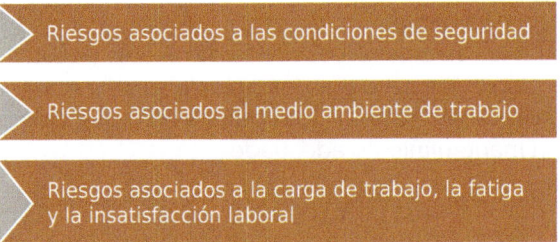

Riesgos asociados a las condiciones de seguridad

Riesgos asociados al medio ambiente de trabajo

Riesgos asociados a la carga de trabajo, la fatiga y la insatisfacción laboral

Los **riesgos asociados a las condiciones de seguridad** son los riesgos derivados del lugar de trabajo, las herramientas y máquinas, la electricidad y los incendios, los peligros asociados a los procesos de almacenamiento, manipulación y transporte, así como las indicaciones requeridas en la señalización. Son representativas las especificaciones del etiquetado de los productos, las instrucciones de manejo y mantenimiento de maquinaria...

La construcción debe reunir unas características específicas. Algunos criterios preventivos básicos son los siguientes:

- ⬢ **Estabilidad y solidez** en la construcción, asegurando las cargas que debe albergar.

- **Dimensiones y volumen de los locales,** presentando 3 metros de altura de suelo a techo, 2 metros cuadrados de superficie libre para cada trabajador y 10 metros cuadrados de volumen por trabajador.
- **Suelos, techos y paredes** deben soportar la carga de trabajo, así como las necesidades de limpieza y desinfección (suelo liso, no resbaladizo, sin desniveles, bien iluminado...).
- **Puertas, salidas y vías de circulación** en número, dimensiones y situación determinada, contemplando el tipo de edificio, la situación de escaleras, recorrido...

Además, es necesario contemplar las necesidades de colocación de máquinas y las condiciones de iluminación e instalaciones, implantando un uso adecuado, retirando aquellas herramientas defectuosas o de mala calidad... A su vez, ten presente que el uso de la maquinaria se relaciona con los siguientes riesgos:

- Peligro mecánico.
- Peligro eléctrico.
- Peligro térmico.
- Peligro originado por ruido y vibraciones.
- Peligro producido por radiaciones.
- Peligro producido por materiales o sustancias.
- Peligro debido a efectos ergonómicos.

Respecto a los **riesgos asociados al medio ambiente de trabajo,** la actividad derivada de la logística del bar requiere del uso de productos (limpieza y desinfección) constituidos por elementos químicos que pueden acumularse en el ambiente, teniendo un efecto nocivo para la salud.

Es necesario conocer la concentración del tóxico y el tiempo de exposición que requiere el uso de dicho producto.

Ten presente que la contaminación penetra en nuestro organismo a través de las vías respiratoria, dérmica, digestiva y parenteral.

Es posible diferenciar en función de sus efectos entre: corrosivos, irritantes, neumoconióticos, asfixiantes, anestésicos y narcóticos, sensibilizantes, cancerígenos mutágenos y teratógenos y sistémicos.

Frente a estos peligros, la información es una de las mejores herramientas, de modo que se exige información sobre:

> Actuación sobre el foco contaminante para impedir la emisión.

> Actuación sobre el medio de difusión para evitar la propagación.

> Actuación sobre el individuo receptor para evitar los efectos en el trabajador.

En cuanto al **ruido,** hay que tener presente el valor denominado "nivel de presión sonora equivalente diario", que será motivo de estudio. No obstante, no suele ser un nivel que incida en nuestra actividad. Ten presente las siguientes medidas preventivas contra el ruido:

- Eliminar fuente de ruido.
- Insonorizar techos y paredes.
- Aislar la fuente de ruido.
- Protección de la persona.

La **iluminación** adecuada provocará confort y calidad; por el contrario, una mala iluminación se relaciona con accidentes, dolor de cabeza, fatiga visual y errores.

Las **condiciones térmicas (frío y calor)** tendrán efectos fisiológicos directos sobre las personas, afectando a su conducta, disminuyendo su rendimiento y aumentando su insatisfacción.

Por último, trataremos los **riesgos asociados a la carga de trabajo, la fatiga y la insatisfacción laboral.**

La carga de trabajo a lo largo de la jornada laboral viene dada por esfuerzos físicos, posturas forzadas o la manipulación de cargas. Para ello, es necesario contemplar las técnicas posturales según las exigencias del trabajo (trabajo sentado o trabajo de pie) o las técnicas de levantamiento de pesos, siendo aspectos que contemplar:

- Apoyar los pies firmemente.
- Separar los pies a una distancia aproximada de 50 cm uno del otro.
- Doblar la cabeza y las rodillas para coger la carga, manteniendo la espalda recta.
- Al coger la carga, esta se mantendrá lo más cerca posible del cuerpo. Se levantará gradualmente, estirando las piernas y manteniendo la espalda recta. La cabeza debe permanecer levantada.
- La carga debe distribuirse entre las dos manos siempre que sea posible.

Es necesario contemplar la **carga mental,** determinada por la cantidad y tipo de información que hay que tratar, las características del individuo, la complejidad de la respuesta y el tiempo en que se ha de responder.

A nivel de trabajo, en los procesos de almacenado esta carga es alta, asociándose a tareas de:

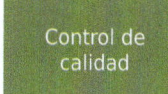
Control de calidad

Regulación de procesos automáticos

Tareas administrativas

En cuanto a la **fatiga,** indicar que puede ser muscular y/o mental, siendo los síntomas más comunes la irritabilidad, la depresión, la falta de energía y voluntad para trabajar, una salud más frágil, dolores de cabeza, mareos... Algunas medidas preventivas para reducir dicha fatiga en el trabajo son:

- Dotar a las tareas de un interés creciente.
- Controlar la calidad y cantidad de la información tratada.
- Acondicionar el sistema de trabajo, de manera que los esfuerzos requeridos estén por debajo de los límites establecidos.
- Elegir un mobiliario de trabajo adecuado a las tareas a desempeñar, cumpliendo los requisitos ergonómicos.
- Mantener dentro de los valores de confort los factores ambientales.

Finalmente, la **insatisfacción laboral,** asociada a factores relacionados con la asignación de la jornada de trabajo, el ritmo de trabajo, la falta de responsabilidad, la falta de comunicación, la inestabilidad laboral o la retribución económica, se puede atajar equilibrando las posibilidades del desarrollo profesional, personal y social. Algunos aspectos en los que se puede incidir son:

- Participación.
- Comunicación.
- Flexibilización del horario de trabajo.
- Implantación de un adecuado ritmo de trabajo.
- Rotación de puestos de trabajo.
- Ampliación de tareas.
- Retribución económica acorde a las tareas.

 **APLICACIÓN PRÁCTICA**

El último trimestre se han producido varios accidentes en las instalaciones del restaurante-bar Galera. Tras llevar a cabo un análisis de cada uno de ellos, se observa:

- La contratación de nuevo personal no ha contemplado las necesidades de su formación ni de integración con el resto de personal ya contratado.
- El volumen de personal no facilita la correcta movilidad.
- Por seguridad, se han cerrado las puertas y salidas previamente registradas en el plan de evacuación.
- El desarrollo de nuevos productos de limpieza y desinfección se hará según los usos preestablecidos como comunes.

Establece qué principios de los expuestos a continuación no se han contemplado según la gestión preventiva de riesgos laborales del restaurante-bar:

a. Riesgos asociados a las condiciones de seguridad.
b. Riesgos asociados al medio ambiente de trabajo.
c. Riesgos asociados a la carga de trabajo, la fatiga y la insatisfacción laboral.

Solución

Los riesgos preventivos que no se han tenido presentes son los relacionados con las condiciones de seguridad del establecimiento, al medio ambiente de trabajo y a la carga de trabajo, la fatiga y la insatisfacción laboral.

Ten presente que la construcción debe reunir unas características específicas, y su organización estar determinada, contribuyendo a la movilidad asociada. Todo movimiento de maquinaria o decisión que interfiera en lo establecido de forma previa debe ser registrado y consensuado evitando cualquier tipo de riesgo. Finalmente, ten presente que la productividad puede verse afectada por la insatisfacción laboral, principio que tampoco se ha tenido presente en este caso.

5.1. Sistemas elementales de control de riesgos. Protección colectiva e individual

La principal baza a tener presente ante el control de riesgos es la prevención, siendo elementos de acción preventiva los siguientes:

- Evitar los riesgos.
- Evaluar los riesgos que no se puedan evitar.
- Combatir los riesgos en su origen.
- Adaptar el trabajo a la persona.
- Tener en cuenta la evolución de la técnica.
- Sustituir lo peligroso por lo que entrañe poco o ningún riesgo.
- Planificar la prevención.
- Dar las debidas instrucciones a los trabajadores.
- Adoptar medidas que antepongan la protección colectiva a la individual.

NOTA

La Ley 31/1995, de Prevención de Riesgos Laborales, establece los principios de actuación preventiva, enfocando la prevención en torno a:

- Planificación de la prevención desde el mismo momento del diseño empresarial.
- Evaluación de riesgos inherentes al trabajo y actualización periódica de las medidas.
- Adopción de medidas adecuadas a la naturaleza de los riesgos detectados.

Sistemas de protección

Identificados los riesgos asociados a las tareas desarrolladas en la logística del bar, así como los principios de prevención, es importante especificar los sistemas ideados para su protección. Así, es posible diferenciar entre protección colectiva y protección individual.

Protección colectiva

Se trata de la técnica de seguridad cuyo objetivo es la protección simultánea de varios trabajadores expuestos a un determinado riesgo. Las características de la protección colectiva son:

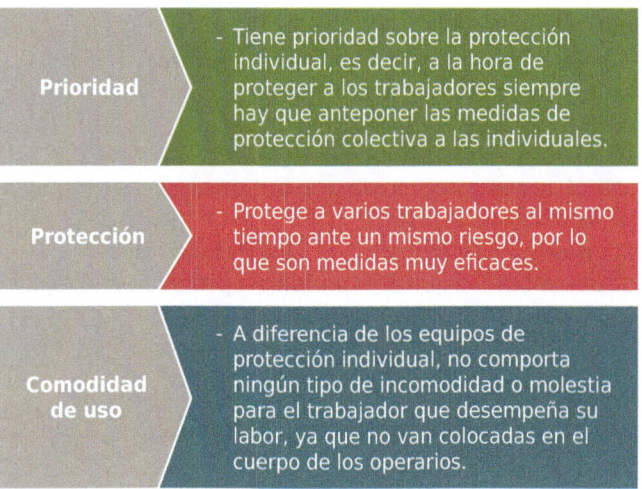

Prioridad
- Tiene prioridad sobre la protección individual, es decir, a la hora de proteger a los trabajadores siempre hay que anteponer las medidas de protección colectiva a las individuales.

Protección
- Protege a varios trabajadores al mismo tiempo ante un mismo riesgo, por lo que son medidas muy eficaces.

Comodidad de uso
- A diferencia de los equipos de protección individual, no comporta ningún tipo de incomodidad o molestia para el trabajador que desempeña su labor, ya que no van colocadas en el cuerpo de los operarios.

👁 EJEMPLO

Son ejemplos de este tipo de protección colectiva los siguientes:

- Las barandillas.
- Resguardos.
- Redes de seguridad.
- Interruptores diferenciales.
- Ventilación.
- Señalización.

ACTIVIDAD COMPLEMENTARIA

12. Busca información sobre los elementos de señalización que permiten informar sobre riesgos, prohibiciones u obligaciones en materia de seguridad. Para ello, podrás hacer uso de fuentes de internet o revistas especializadas.

Protección individual

Para llevar a cabo la protección individual se utilizan los conocidos como equipos de protección individual (EPI), con el objetivo de proteger al trabajador ante la posibilidad de sufrir un accidente, teniendo presente que:

- Debe ser un elemento de seguridad complementario al utilizado de forma colectiva. Nunca sustitutivo.
- La protección individual no tiene como misión eliminar el riesgo de accidente, sino reducir o eliminar las consecuencias.
- Se trata de una de las técnicas de seguridad más rentables si tenemos en cuenta su (generalmente) bajo coste frente al alto grado de protección que supone usarlo.

De entre los EPI es posible diferenciar entre:

- **Medios parciales de protección:** son aquellos que protegen al individuo frente a los riesgos que actúan sobre puntos o zonas concretas del cuerpo.
- **Medios integrales de protección:** son aquellos que protegen al individuo frente a riesgos que no actúan sobre partes o zonas determinadas del cuerpo.

DEFINICIÓN

Equipo de protección individual
Equipo destinado a ser llevado o sujeto por el trabajador/a para que le proteja de uno o varios riesgos que puedan amenazar su seguridad o su salud en el trabajo, así como cualquier complemento o accesorio destinado a tal fin.

Derechos y obligaciones de trabajadores y empresarios respecto a los EPI

Es importante dar a conocer la implicación que tanto el personal trabajador como el empresario deben mostrar frente a las exigencias de uso y disponibilidad de los EPI.

Respecto al trabajador

- Tendrá derecho a participar en el proceso de elección del EPI.
- Tiene que ser formado en la utilización correcta del EPI.
- Tendrá que hacer un mantenimiento y uso correcto del EPI.
- Tendrá que respetar las instrucciones del fabricante en torno a uso y mantenimiento.

Respecto al empresario

- Tendrá que proporcionar un EPI adecuado en función de los riesgos que ha de proteger, que responda a las condiciones existentes en el lugar de trabajo, que tenga en cuenta las exigencias ergonómicas y de salud del trabajador y que se adecúe al trabajador.
- Proporcionará equipos que, en caso de tener que utilizar varios simultáneamente, sean compatibles unos con otros y no pierdan eficacia.
- Asegurará que los equipos de protección individual sean destinados a un uso personal.

 IMPORTANTE

Si las circunstancias exigen la utilización de un EPI de uso personal por varias personas, será necesario tomar medidas de higiene oportunas.

 TAREA 18

Como responsable de seguridad del restaurante-bar Galera, dotas al personal de almacén de botas de seguridad, sin tener presente ningún otro riesgo. Según la actividad de este sector, ¿ha sido suficiente la adopción de esta medida?

Justifica tu respuesta.

---

6. Control de las medidas implantadas

 **HILO CONDUCTOR**

En la gestión de los riesgos determinados en la actividad del restaurante-bar Galera, se ha incluido un sistema de control de implantación de dichas medidas. En dicho documento se reflejan los objetivos, alcance, implicaciones, responsabilidades... de cada uno de los integrantes para conseguir el cumplimiento acordado. Además, se establece la metodología a llevar a cabo. Todo ello se reflejará en una ficha, denominada "ficha de seguimiento y control de las acciones correctoras".

Las medidas de prevención de riesgos implantadas requieren de un seguimiento y control, a fin de asegurar y comprobar su correcta gestión e implantación, para comprobar si se lleva a cabo el control en fechas y procedimientos previstos, si cumplen con los requisitos acordados... Al mismo tiempo, dicho control debe estar sometido a una revisión, asegurando su actualización frente a posibles cambios o sugerencias de mejora.

6.1. Implicaciones y responsabilidades

La dirección de la empresa será la responsable de implantación de dicho control aportando los recursos necesarios en torno a:

- ⮑ Necesidades de seguimiento.
- ⮑ Periodicidad.
- ⮑ Información que contemplar.
- ⮑ Acciones correctivas a aplicar.

NOTA

Dicho control debe ser a su vez coordinado según las diferentes unidades funcionales previamente establecidas, asegurando su registro, control y eficacia.

6.2. Control de las actuaciones

Es necesario implantar un seguimiento y control de los medios de prevención implantados. Se diferencian dos tipos de control:

- **Control activo:** permite obtener información antes de que se produzcan daños en la salud de los trabajadores. Para su aplicación, es necesario:
  - Control de la consecución de objetivos.
  - Inspección sistemática de locales, instalaciones, equipos y maquinaria.
  - Muestreos ambientales para comprobar la exposición a sustancias o energías.
  - Identificación de prácticas inseguras por parte de los trabajadores.
  - Evaluación de la salud.
  - Análisis de la documentación y los registros.
- **Control reactivo:** permite obtener información sobre los fallos que han dado lugar a incidentes, accidentes o enfermedades laborales. Para su aplicación, es necesario:
  - Investigar las causas que han dado lugar a los daños.
  - Remitir la información al servicio de prevención para iniciar las medidas correctoras precisas.

TAREA 19

En el último mes, en el desarrollo de la actividad en el restaurante-bar Galera se han producido los siguientes accidentes:

- 3 caídas por suelo mojado y graso.
- 1 caída por escalera poco iluminada.
- 2 cortes en dedos de las manos.
- 2 bajas por constipado.
- 1 baja por golpe en pie.

Identifica las medidas implantadas para minimizar los riesgos expuestos. A su vez, expón qué medidas de control se deberían haber establecido. Describe una correcta gestión para dicho control.

Justifica tu respuesta.

7. Resumen

En el sector hostelero, además de asegurar la integridad del trabajador, es necesario contemplar las necesidades de conservación y gestión de las materias primas relacionadas. Todo ello se halla descrito de forma general en el Reglamento 852/2004, relativo a la higiene de los productos alimenticios.

Como factores de riesgo en la actividad de almacenamiento del restaurante-bar se requiere una relación directa en base a:

Instalaciones   Organización   Actividad   Insumos

Al mismo tiempo, es necesario indicar los siguientes factores de riesgo:

- Riesgos con consecuencias graves.
- Riesgos que originan accidentes frecuentes.
- Exposición a contaminantes químicos.
- Condiciones de las instalaciones.
- Manipulación de alimentos y bebidas.

Es posible clasificar los riesgos en función de su gravedad. Así:

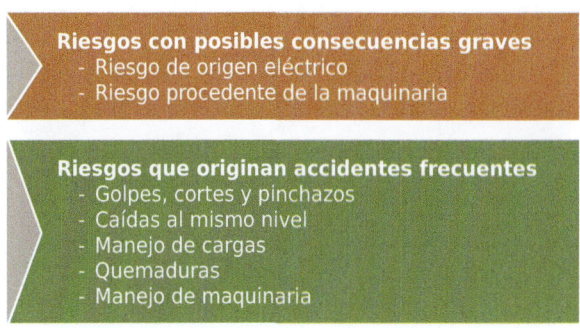

Riesgos con posibles consecuencias graves
- Riesgo de origen eléctrico
- Riesgo procedente de la maquinaria

Riesgos que originan accidentes frecuentes
- Golpes, cortes y pinchazos
- Caídas al mismo nivel
- Manejo de cargas
- Quemaduras
- Manejo de maquinaria

Recuerda que en el trabajo en el restaurante-bar es común el uso de productos de limpieza y desinfección, lo que hace que nos expongamos a un riesgo por exposición a contaminantes químicos.

La gestión y actividad del restaurante-bar, hace posible diferenciar entre procesos asociados a la protección colectiva y procesos asociados a la protección individual. En este último caso, el uso correcto de los EPI es fundamental.

A su vez, recuerda que como trabajador, tienes derechos y deberes en torno al uso de estos equipos.

Finalmente, las medidas implantadas en torno a la prevención de riesgos requieren de un control, dicho control puede ser activo o reactivo y en todo caso, necesita de seguimiento, imponiendo una periodicidad adecuada, unas acciones correctivas y un estudio sobre la información a contemplar.

Ejercicios de autoevaluación
Unidad de Aprendizaje 7

1. Indica si las siguientes afirmaciones son verdaderas o falsas.

  a. La Ley 31/1995, de 8 de noviembre, ofrece una base sólida sobre los principios de actuación en la prevención de riesgos laborales.

   ■ Verdadero
   ■ Falso

  b. El Real Decreto 487/1997, de 14 de abril, muestra las disposiciones mínimas de seguridad y salud relativas a la manipulación manual de cargas que entrañen riesgos, en particular dorsolumbares, para los trabajadores.

   ■ Verdadero
   ■ Falso

  c. El Reglamento 852/2004 establece los principios de formación en torno a las necesidades de prevención de riesgos laborales.

   ■ Verdadero
   ■ Falso

2. Identifica cuál o cuáles de los siguientes factores de riesgo se relacionan con la actividad de almacenamiento del restaurante-bar:

  a. Instalaciones.
  b. Organización.
  c. Insumos.
  d. Todas las opciones son correctas.

3. Señala qué riesgos se consideran graves:

  a. Riesgos de origen eléctrico.
  b. Riesgo asociado al manejo de máquinas.
  c. Golpes y caídas al mismo nivel.
  d. Manejo de cargas.

4. En el manejo de cargas...

    a. ... hay que evitar esfuerzos prolongados.

    b. ... se debe evitar la misma postura durante largos periodos.

    c. ... hay que emplear mecanismos o útiles adecuados al trabajo que se va a realizar.

    d. Todas las opciones son correctas.

5. Hacer un uso correcto de los elementos y líquidos a altas temperaturas se relaciona con la prevención de riesgos en...

    a. ... el manejo de cargas.

    b. ... quemaduras.

    c. ... manejo de maquinaria.

    d. ... caídas al mismo nivel.

6. Identifica cuál o cuáles de los siguientes principios previenen los riesgos de cortes y pinchazos:

    a. Utilizar cuchillos con mango antideslizante

    b. Mantener los cuchillos bien afilados y utilizarlos de forma adecuada.

    c. Usar los equipos de protección individual propios de cada operación.

    d. Todas las opciones son correctas.

7. Son principios que implantar en la prevención de caídas al mismo nivel, entre otros:

    a. Usar carteles indicativos del riesgo.

    b. Actuar de forma efectiva ante irregularidades como retirar líquidos derramados

    c. Emplear calzado adaptado a las necesidades.

    d. Todas las opciones son correctas.

8. La exposición a contaminantes químicos supone un riesgo, y algunas acciones para minimizar o eliminar este riesgo son:

    a. Evitar el uso de guantes, ya que pueden agravar el mal uso del producto.
    b. Conocer las características del producto, tanto su uso como su peligrosidad.
    c. Utilizar cualquier tipo de EPI.
    d. Mantener los envases abiertos.

9. El uso de la maquinaria se relaciona con...

    a. ... peligro mecánico.
    b. ... peligro térmico.
    c. ... peligro eléctrico.
    d. Todas las opciones son correctas.

10. A nivel de trabajo, en los procesos de almacenado la carga mental es alta y se asocia con...

    a. ... las necesidades de control de calidad.
    b. ... la regulación de procesos automáticos.
    c. ... las tareas administrativas.
    d. Todas las opciones son correctas.

Glosario

Barista
Profesional especializado en el café de alta calidad.

Bodega
Lugar donde se guarda y cría el vino.

Cadena de valor
Actividades necesarias para crear un producto o servicio.

Cómputo
Cuenta o cálculo.

Confrontar
Cotejar dos cosas, especialmente escritos.

Costo
Cantidad que se da o se paga por algo.

Cuota tributaria
En una factura, es el resultado de aplicar el tipo del impuesto a la base imponible.

Delivery
Servicio a domicilio de productos solicitados mediante compra *online* o medios telefónicos.

Discrepancia
Diferencia, desigualdad que resulta de la comparación de las cosas entre sí.

Diseño *lay out*
Conjunto de métodos y medios organizativos destinados a controlar y programar todas las actividades que se realizan en el almacén de modo que se consiga su optimización para lograr los objetivos marcados.

Indicador logístico

Parámetro relacionado con la definición de los objetivos e impactos a alcanzar.

Inventario

Asiento de los bienes y demás cosas pertenecientes a una persona o comunidad, hecho con orden y precisión. También representa el documento en el que consta el inventario.

IVA

Impuesto sobre valor añadido.

Logística

Conjunto de medios y métodos ideados para llevar a cabo la organización de una empresa o de un servicio, especialmente de distribución.

Merma

Porción de algo que se consume naturalmente o se sustrae o sisa.

Método ABC

Sistema de gestión de almacén basado en el principio de que solo interesa un control minucioso de los productos más importantes, mientras que, para los que tengan menor relevancia, bastará con una vigilancia menos rigurosa.

Neto

Que resulta líquido en cuenta, después de comparar el cargo con la data, o en el precio, después de deducir los gastos.

Obsoleto

Anticuado o inadecuado a las circunstancias, modas o necesidades actuales.

Software

Programa de gestión.

Stock

Existencias.

Take away

En el ámbito culinario, se trata del término utilizado para identificar una modalidad de consumo consistente en la adquisición de comida o alimentos para consumir en otro lugar "para llevar".

Bibliografía

Monografías

→ ANAYA Tejero, J. J.: *Logística integral. La gestión operativa de la empresa.* Madrid: ESIC Editorial, 2011.

Este manual describe la evolución y características del mercado actual, las herramientas de apoyo a la gestión logística y de aprovisionamiento; la misión y responsabilidad del gestor de un almacén, así como los principios de organización; la gestión de los *stocks* en el sector distribución...

→ ARTACHO Navarro, M. A.: *Control de la conservación de los alimentos para el consumo y distribución comercial. UF1356.* Antequera: IC Editorial, 2017.

Este manual presenta los sistemas y métodos de conservación, las normas de control en la correcta conservación de los géneros, así como los tipos de almacenamiento, el etiquetado de los alimentos y las normas higiénico-sanitarias a implantar en el proceso.

→ CABEZA Corredera, I.: *Ofertas gastronómicas sencillas y sistemas de aprovisionamiento MF0259_2.* Antequera: IC Editorial, 2021.

Este manual presenta un análisis completo en torno a la organización y fórmulas de restauración, los modelos organizativos, las ofertas gastronómicas, fundamentos sobre la gestión y control de calidad en restauración, la gestión del aprovisionamiento, el control de consumos y costes...

→ PERDIGUERO Jiménez, M. A.: *Diseño y organización del almacén. UF0926.* Antequera: IC Editorial, 2017.

Este manual contiene información sobre el diseño, la organización y mantenimiento del almacén, los requerimientos de costeo y presupuestado, así como los principios de calidad en torno a la mejora del servicio en el almacén.

→ SERRANO Alonso, F.: *Operaciones auxiliares de almacenaje. MF1325_1.* Antequera: IC Editorial, 2019.

Este manual muestra la estructura y tipos de almacén. Profundiza sobre las operaciones de almacenaje, la documentación básica del almacén, los sistemas de identificación, localización y seguimiento de mercancías, y aborda las necesidades de mantenimiento de primer nivel en los equipos del almacén y las especificaciones sobre seguridad y prevención en las operaciones auxiliares de almacenaje.

→ VV. AA.: *Vinos, otras bebidas alcohólicas, aguas, cafés e infusiones. UF0847.* Antequera: IC Editorial, 2016.

Este manual presenta la estructura vitivinícola y características de los vinos españoles, franceses, italianos, así como de otros países del mundo; la estructura y características de los tipos de cervezas y sidras, las bebidas espirituosas, los cafés, las aguas envasadas, los tés y otras infusiones.

→ VV. AA.: *Aprovisionamiento y almacenaje en la venta. UF0033.* Antequera: IC Editorial, 2021.

Este manual presenta información sobre la gestión de *stocks* e inventarios y las necesidades de almacenaje y distribución interna de productos, describiendo las necesidades de criterios de almacenaje, la seguridad y prevención en el desarrollo del proceso...

Textos electrónicos, bases de datos y programas informáticos

→ Agencia Española de Seguridad Alimentaria y Nutrición, de: <https://www.aesan.gob.es/AECOSAN/web/home/aecosan_inicio.htm>.

Página web de AECOSAN, Agencia Española de Seguridad Alimentaria y Nutrición, desde la cual se ofrece información objetiva a los consumidores y agentes económicos del sector agroalimentario español.

→ Ministerio de Agricultura, Pesca y Alimentación, de: <https://www.mapa.gob.es/>.

Página web del Ministerio de Agricultura, Pesca y Alimentación, desde la cual se ofrece información sobre los tipos de bebidas, su denominación, características, normativa relacionada con el sector, la cadena alimentaria, etc.

Legislación y normativa

→ Ley 31/1995, de 8 de noviembre, de Prevención de Riesgos Laborales. Madrid. *Boletín Oficial del Estado,* 10 de noviembre de 1995, 269.

→ Real Decreto 487/1997, de 14 de abril, sobre disposiciones mínimas de seguridad y salud relativas a la manipulación manual de cargas que entrañe riesgos, en particular dorsolumbares, para los trabajadores. Madrid. *Boletín Oficial del Estado,* 23 de abril de 1997, 97.

→ Reglamento (CE) n.º 178/2002 del Parlamento Europeo y del Consejo, de 28 de enero de 2002, por el que se establecen los principios y los requisitos generales de la legislación alimentaria, se crea la Autoridad Europea de Seguridad Alimentaria y se fijan procedimientos relativos a la seguridad alimentaria. Madrid, *Diario Oficial de las Comunidades Europeas,* 1 de febrero de 2002, 31, pp. 1-24.

→ Reglamento (CE) n.º 852/2004 del Parlamento Europeo y del Consejo, de 29 de abril de 2004, relativo a la higiene de los productos alimenticios. Madrid. *Boletín Oficial del Estado,* 30 de abril de 2004, 139, pp. 1-54.